Leistungsdiagnostik im Ausdauersport

Leistungsdiagnostik im Ausdauersport

Stefan Schurr

Bibliografische Information der Deutschen Nationalbibliothek:
Die Deutsche Nationalbibliothek verzeichnet diese Publikation
in der Deutschen Nationalbibliografie; detaillierte bibliografische
Daten sind im Internet über www.dnb.de abrufbar.

Aus Gründen der besseren Übersicht erfolgt im Text keine explizite
Differenzierung zwischen der weiblichen und männlichen Form.

Copyright Stefan Schurr – Winterbach 2018

Herstellung und Verlag:

BoD- Books on Demand, Norderstedt

ISBN-13: 978-3-7528-7698-7

Inhaltsverzeichnis

Einleitung..11

Leistungsdiagnostik..13
   Einflussgrößen der Ausdauerleistung / Testparameter..............14
   Die anaerobe Schwelle (Laktatschwelle)...................................16
   Die maximale Laktatbildungsrate (VLamax)..............................22
   Die maximale
   Sauerstoffaufnahme (VO2max)..23
   Körperfettanteil 26
   Qualitätskriterien einer Leistungsdiagnostik............................28
   Rahmenbedingungen für eine Leistungsdiagnostik.....................29

Testverfahren...33

Aerobe Leistungsdiagnostik..35
   Das Stufentest-Prinzip..36
   Der Laktatleistungstest...38
      Durchführung...38
      Testinterpretation 42
      Schwellenmodelle..44
      Leistungsentwicklung..49
      Erholungspuls...52

Einflussfaktoren auf den Laktatleistungstest....................................52

Spiroergometrie..55

Ablauf..55

Untersuchungsparameter...56

Conconi-Test..60

Testdurchführung...60

Testinterpretation..62

Leistungsentwicklung...62

Der Tempodauertest...65

Rampentest..67

Testdurchführung...67

Testauswertung...68

Anaerobe Leistungsdiagnostik..71

VLamax-Test...72

Testdurchführung...72

Testauswertung...73

Wingate Test 74

Testdurchführung...74

Testauswertung...76

Isokinetischer Test 78

Testdurchführung...78

Testauswertung...79

Körperfettmessung 83
  Hautfaltenmessung...84
    Testdurchführung...84
  Bioimpedanzanalyse..90
  Hydrostatisches Wiegen...91

Leistungsprofil...93
  Leistungsprofil - Spinne..93
  Übersicht Leistungsdiagnostiken...95

Anhang...99
    Athleteninformation zum Ausdauer-Leistungstest..........................101
    Checkliste Ausdauer-Leistungstest.......................................102
    Hinweise zur Checkliste Ausdauer-Leistungstest..........................104

Literatur & Internet...107
  Literatur...107
  Internet..111

Einleitung

Die Leistungsdiagnostik hat im Leistungs-sport eine lange Tradition. Im Laufe der Jahr-zehnte wurden die unterschiedlichsten Test-verfahren entwickelt, die sich zunehmend auch im Freizeit- und Breitensport als sinn-volle Maßnahmen durchgesetzt haben.

Lange Zeit galt der Laktatleistungstest als DER Standard und Grundlage für die Beur-teilung und Steuerung des Ausdauertrainings. Im ambitionierten Leistungssport wurde zu-sätzlich oft noch eine Atemgasanalyse mittels Spiroergometrie durchgeführt.

Heutzutage gibt es zahlreiche weitere An-sätze, die sich in ihrer Zielsetzung, ihrer Spezifik und ihrem Aufwand teilweise deut-lich unterscheiden und voneinander abgrenz-en lassen. In den Instituten zur Leistungs-diagnostik wird zum Teil ein erheblicher Aufwand betrieben, um Profi- und ambit-ionierten Hobbysportlern Empfehlungen für die Trainingssteuerung und Wettkampfge-staltung an die Hand zu geben.

Neben der aufwendigen Erhebung vieler leistungsrelevanter Daten, die eine sehr ge-zielte Trainingssteuerung erlauben, existieren ebenfalls zahlreiche einfache Testmethoden. Auch dank mittlerweile weit verbreiteter Leistungsmessgeräte und Multifunktions-uhren, mit deren Hilfe sich zahlreiche Para-meter auf einfachem Wege bestimmen und nutzen lassen.

Im Rahmen dieses Buches möchte ich Ihnen einen Überblick über die gängigsten Verfahr-en der für Ausdauersportler relevanten Leist-ungsdiagnostik geben. Dies umfasst die Be-stimmung aerober und anaerober Ausdauer-parameter sowie der Körperzusammensetz-ung mittels Körperfettanalyse. Letzteres ist vor allem in Ausdauerdisziplinen relevant, in denen das eigene Körpergewicht getragen werden muss, wie zum Beispiel dem Laufen.

Leistungsdiagnostik

Die Leistungsdiagnostik bildet ein zentrales Element im Trainingsprozess. Im Kontext aus Training, Wettkampf und der zugehörigen Leistungsfähigkeit kann sie wesentliche Voraussetzungen für eine optimale Trainingssteuerung liefern und bietet zugleich eine Rückmeldung über die Effektivität der eingesetzten Trainingsmaßnahmen. Das Training lässt sich somit sehr zielorientiert gestalten, das begrenzte Zeitbudget, über das gerade leistungsorientiert trainierende Freizeitsportler nur verfügen, kann sehr effizient genutzt werden.

Das Ziel einer leistungsdiagnostischen Untersuchung kann dahingehend definiert werden, dass das sportliche Leistungsvermögen einerseits:

- untersucht und beurteilt werden soll

sowie mit Hilfe der Analyseergebnisse:

- Informationen zur optimalen Trainings- und Wettkampfgestaltung bereitgestellt werden können.

Der zweite Punkt beinhaltet unter anderem auch die Festlegung individueller Belastungsbereiche und Trainingsschwerpunkte.

Werden Leistungsdiagnostiken in regelmäßigen Abständen durchgeführt, so erlaubt dies einen Vergleich sowie die Dokumentation der Leistungsentwicklung eines Athleten. Damit liefert sie wertvolle Hinweise auf die Wirksamkeit des Trainings.

Einflussgrößen der Ausdauerleistung / Testparameter

Die Wettkampfleistung ist die für den Athleten alles entscheidende Größe, die es zu optimieren gilt.

Für die Belastungsgestaltung und -dosierung sollte man die physiologischen Einflussfaktoren auf die Leistungsfähigkeit kennen und deren Zusammenhänge und Wechselwirkungen verstehen. Damit kann das Training sinnvoll geplant und gesteuert werden.

Ausdauerleistungen sind vor allem vom aeroben Stoffwechsel abhängig. Bereits bei einer Wettkampfdauer von etwa 75 - 90 Sekunden wird die Hälfte der Energiebereitstellung über den aeroben Stoffwechsel abgedeckt. Je länger die Wettkampfstrecke ist, desto dominanter wird er. Bei extremen Langzeitausdauerbelastungen, wie zum Beispiel im Triathlon oder Marathonlauf, stellen die aerobe Glykolyse sowie die mit der Wettkampfdauer vermehrt an Bedeutung gewinnende Fettoxidation die dominanten Wege der Energiebereitstellung dar.

Für ein optimales Wettkampfergebnis ist die Fähigkeit entscheidend eine möglichst hohe Leistung über die gesamte Zeitdauer abzugeben. Neben der Motivation ist vor allem die Ausprägung folgender physiologischer Parameter leistungsbestimmend:

- die maximale Sauerstoffaufnahme (VO_{2max})

- der Prozentsatz der VO_{2max}, der über einen längeren Zeitraum aufrecht erhalten werden kann, dies zeigt sich an der *Leistungsfähigkeit an der anaeroben Schwelle*

- die maximale Laktatbildungsrate (VLa_{max})

- die *Bewegungsökonomie*, sie repräsentiert den Energieaufwand, der benötigt wird, um eine gegebene Leistung zu erbringen

Neben den genannten Faktoren ergibt sich -vor allem bei Sportarten bei denen das eigene Körpergewicht getragen werden muss- eine unmittelbare Abhängigkeit von der Körpermasse, beziehungsweise der fettfreien Körpermasse.

So werden in leistungsdiagnostischen Testverfahren vor allem die folgenden Parameter bestimmt und bewertet:

- die Höhe der individuellen anaeroben Schwelle (*IANS*)

- die Höhe der maximalen Sauerstoffaufnahme (VO_{2max})

- die Höhe der maximalen Laktatbildungsrate (VLa_{max})

- der prozentuale *Körperfettanteil*

- maximale aerobe und anaerobe Leistung

Je nach Test und Sportart werden teilweise weitere Daten erhoben und abgeleitet. Nachfolgend werden wir in den nächsten Unterkapiteln auf die Parameter eingehen und ihre Bedeutung für Ausdauersportler genauer erläutern.

Die anaerobe Schwelle

Für den Trainingsprozess und die damit verbundene Trainingsplanung und -durchführung ist die Art der Energiebereitstellung bei der Belastung ein wichtiges Kriterium. Entscheidend ist, ob diese mit (aerob) oder ohne (anaerob) Beteiligung von Sauerstoff stattfindet.

Die aerobe Form der Energiebereitstellung wird vor allem bei geringer bis mittlerer Belastungsintensität genutzt. Dabei werden sowohl Glykogen (Kohlenhydratstoffwechsel) als auch Fette (Fettstoffwechsel) abgebaut. Steigt die körperliche Belastung an, so benötigt die Muskulatur vermehrt Sauerstoff um den Energiebedarf zu decken. Der Anteil des Kohlenhydratstoffwechsels an der Energiebereitstellung steigt, der Anteil des Fettstoffwechsels wird immer geringer. Ab einer gewissen Belastungsintensität ist das Herz-Kreislaufsystem nicht mehr in der Lage die arbeitende Muskulatur mit genügend Sauerstoff zu versorgen. Das ist der Punkt, an dem die Laktatkonzentration im Blut stark ansteigt und die Energiebereitstellung zunehmend auf

anaerobem Wege abläuft. Laktat ist ein Stoffwechselzwischenprodukt, das beim Abbau von Glykogen entsteht. Seine Konzentration im Blut hängt, neben der Sauerstoffversorgung der Muskulatur, von der Fähigkeit des Körpers ab, dieses wieder abzubauen. Außerdem hängen die Anteile von Kohlenhydrat- und Fettstoffwechsel an der Energiegewinnung unmittelbar mit der Laktatkonzentration im Blut zusammen. Ersichtlich ist dies in der Abbildung auf der gegenüberliegenden Seite. Sie zeigt die Abhängigkeit der beiden Energieträger am Stoffwechsel.

Grundsätzlich findet im Organismus immer Laktatbildung statt, also auch in Ruhe. Dadurch, dass es fortlaufend weiter verwertet und wieder abgebaut wird, steigt der Spiegel im Blut aber nicht an sondern pendelt sich auf einem definierten Niveau ein. Eliminationsorte sind vor allem die belastete Muskulatur, der Herzmuskel sowie die Leber. Die Geschwindigkeit des Abbaus hängt von seiner Konzentration und der Kapazität des aeroben Stoffwechsels ab.

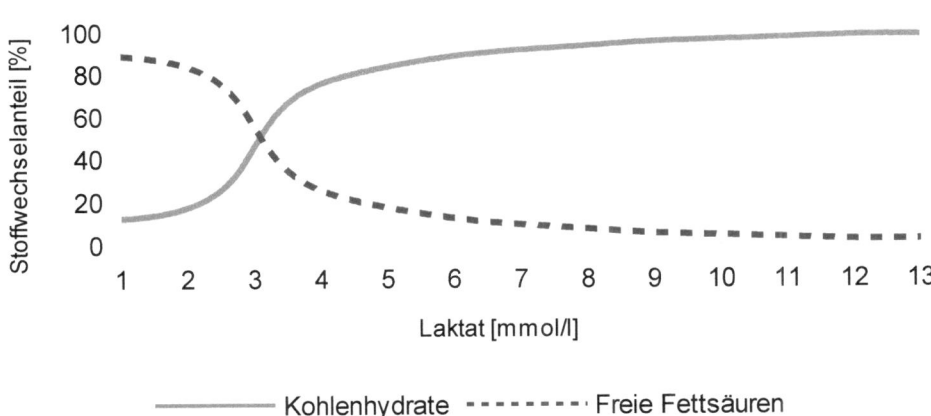

Energiestoffwechsel

Abb.: Kohlenhydrate und freie Fettsäuren beim Energiestoffwechsel in Abhängigkeit von der Laktatkonzentration (nach Neumann, 2007)

Unter Ruhebedingungen misst man normalerweise Blutlaktatwerte von 0,8 bis 1,5 mmol/l.

In Ruhe sowie bei niedriger Belastung besteht also ein Gleichgewicht zwischen Laktatbildung und -abbau, ein so genanntes *Laktat-Steady-State*. Erhöht sich die Belastung, so erhöht sich auch das Niveau des Gleichgewichts. Steigt die Belastung immer weiter an, so wird die Laktatbildung irgendwann größer als der -abbau, es kommt zu einem kontinuierlichen Anstieg der Konzentration im Blut. Der Grenzwert, an dem die Bildung den Abbau übersteigt, wird *maximales*

Laktat-Steady-State (maxLass) genannt und als **Dauerleistungsgrenze** angesehen. Sie korreliert in etwa mit der Leistung, die eine Stunde aufrecht erhalten werden kann und ist als **anaerobe Schwelle** definiert. Das Limit der Belastungszeit kann individuell auch deutlich differieren. Die Schwelle ist vor allem energetischer Natur, da bei dieser Belastungsintensität der Bedarf an Kohlenhydraten so hoch ausfällt, dass ausreichender Nachschub nicht gewährleistet werden kann.

Somit repräsentiert die **anaerobe Schwelle** die höchstmögliche Leistung, bei der sich ein „Fließgleichgewicht" des Laktat einstellt. Die Laktatproduktion über den anaeroben Stoffwechsel entspricht exakt dem Laktatabbau (Oxidation) über den aeroben Stoffwechsel. Da der Laktatabbau durch den aeroben Stoffwechsel erfolgt, verläuft er parallel zur Sauerstoffaufnahme, die ihrerseits wiederum in einem linearen Zusammenhang zur Belastung steht. Für ein Watt Belastung wird ein Äquivalent von 11,7 ml O_2 zusätzlich zum Ruheumsatz benötigt.

Im Gegensatz zum linear verlaufenden Laktatabbau gestaltet sich die Produktion in einer exponentiellen Kurve. Das Resultat daraus ist

ein Schnittpunkt der beiden Stoffwechselwege, dem Punkt der anaeroben Schwelle. Ersichtlich ist dies in den beiden Diagrammen auf den folgenden Seiten. Im ersten als Bruttorechnung mit den beiden Funktionen des Laktatauf- und -abbaus und der äquivalenten Sauerstoffaufnahme. Im zweiten Diagramm als Nettorechnung für die Laktatbildung aus dem Zusammenhang des aeroben und anaeroben Stoffwechsels bei steigender Belastung, gut ersichtlich ist in diesem Schaubild auch der Punkt der maximalen Fettoxidation, der am höchsten Punkt der Kurve des Laktatabbaus liegt.

Bildung und Abbau von Laktat und damit auch die Höhe der Konzentration sind individuell sehr unterschiedlich ausgeprägt. Sie hängen neben der körperlichen Grundkonstitution unter anderem auch stark von der Leistungsfähigkeit und dem Trainingszustand des Sportlers ab. Aus zahlreichen Untersuchungen und Beobachtungen wird bei Laktatwerten von etwa 4 mmol/l die anaerobe Schwelle gesehen. Die individuelle Laktatschwelle eines Athleten kann aber zum Teil deutlich von diesem fixen Schwellenwert abweichen.

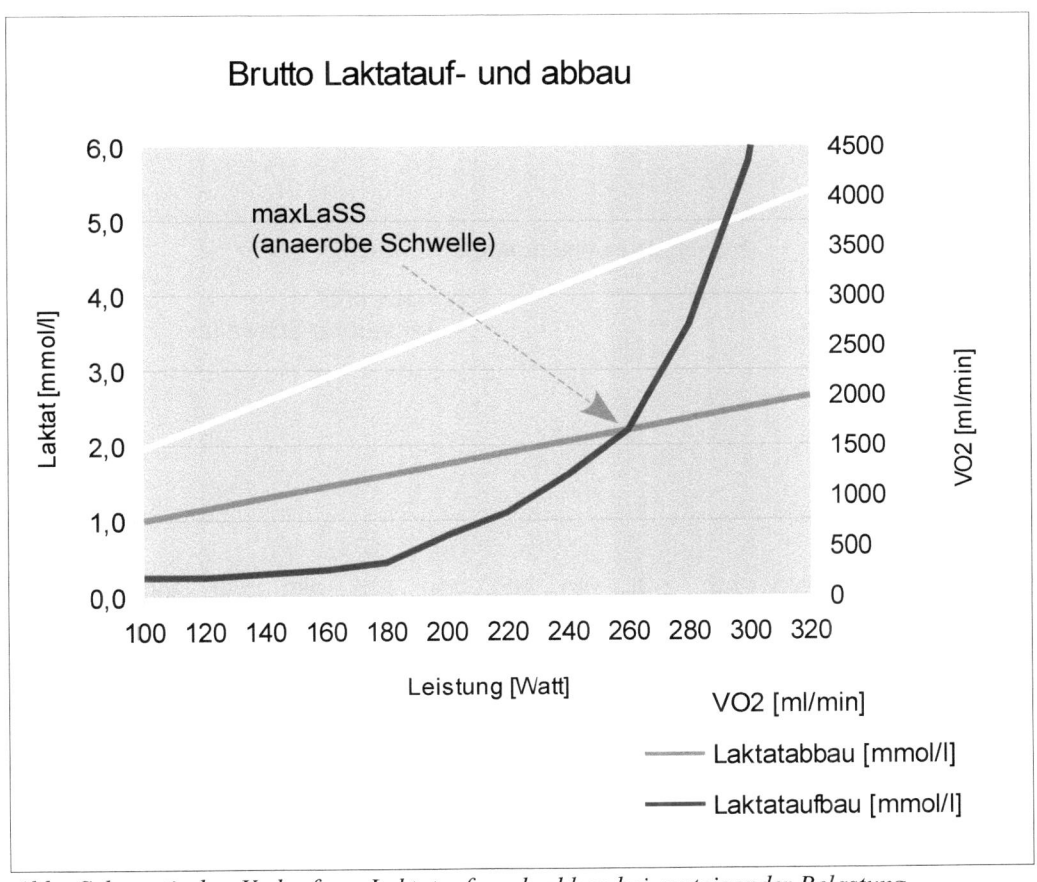

Brutto Laktatauf- und abbau

maxLaSS (anaerobe Schwelle)

Abb.: Schematischer Verlauf von Laktatauf- und -abbau bei ansteigender Belastung

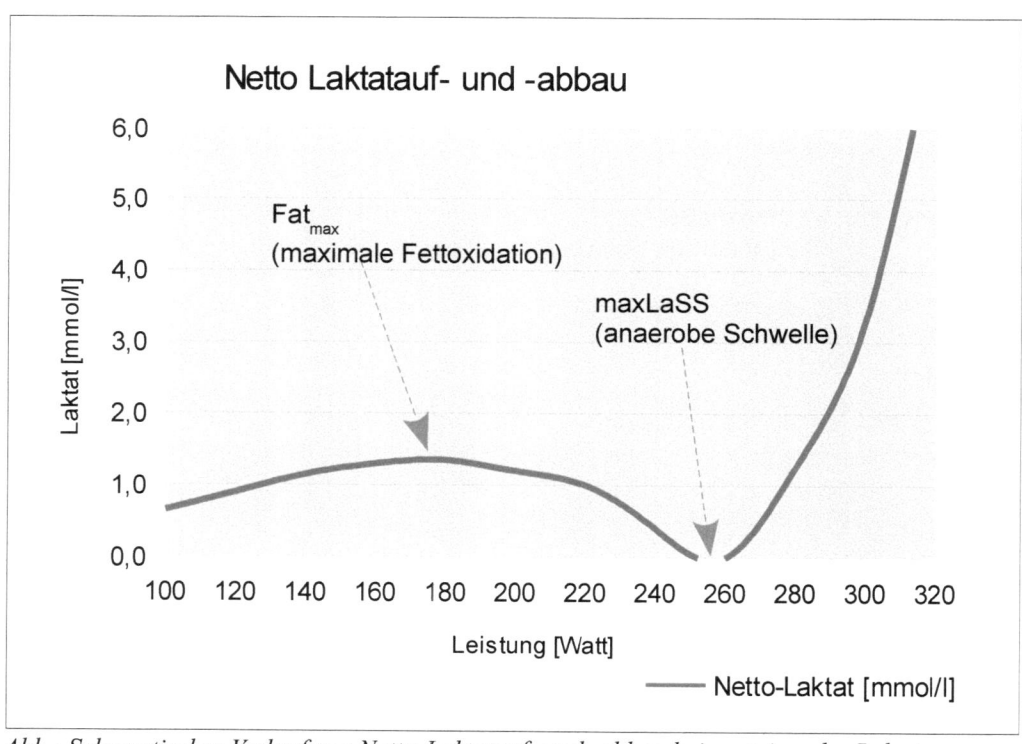

Abb.: Schematischer Verlauf von Netto-Laktatauf- und -abbau bei ansteigender Belastung

Für die Beurteilung der IANS hat sich der Bezug zum Körpergewicht (relative IANS) als sinnvoll erwiesen. So können die Werte verschiedener Athleten besser miteinander verglichen und bewertet werden.

Abhängig ist die individuelle anaerobe Schwelle unter anderem von:

- Talent

- Geschlecht (die IANS von Männern ist etwa 10-12 Prozent höher als die der Frauen)

- Alter (nach dem 35ten Lebensjahr nimmt die IANS pro Jahr um etwa 0,5 – 1 Prozent ab)

- Trainingszustand

- Körpergewicht (da die IANS auf das Körpergewicht bezogen wird ist sie umgekehrt proportional abhängig vom Körperfettanteil des Athleten)

Die nachfolgende Tabelle gibt einen Einblick auf die Höhe und Bewertung der IANS eines Athleten im besten Leistungsalter.

Klassifizierung	Männer (Watt/kg)	Frauen (Watt/kg)
Weltspitze	6,4	5,7
Außerordentlich	5,8	5,1
Sehr gut	5,1	4,6
gut	4,5	4
Hobbysportler	3,8	3,4
mittelmäßig	3,2	2,8
untrainiert	2,6	2,3
schlecht	< 1,9	< 1,7

Tab: Referenzwerte der individuellen anaeroben Schwelle

Die maximale Laktatbildungsrate (VLa$_{max}$)

Die maximale Laktatbildungsrate ist ein Parameter des anaeroben Stoffwechsels. Sie ist ein Maß dafür, wie Kohlenhydrate zu Laktat verstoffwechselt werden. Je höher der Wert, desto mehr Laktat wird bei einer gegebenen Belastungsintensität produziert. Als „Gegenspieler" des aeroben Stoffwechsels nimmt die Laktatbildung einerseits positiven Einfluss auf kurzzeitig intensive Belastungen und hat damit eine wichtige Bedeutung bei Zwischen- und Endspurts. Andererseits bringt es aber gewisse Einschränkungen im Fettstoffwechsel mit sich. Denn je höher der Wert ausfällt, desto größer ist die Aktivität des anaeroben Stoffwechsels.

Vor allem Sprinter und Sportler aus kürzeren Ausdauerdisziplinen, wie den leichtathletischen Kurz- und Mittelstrecken, profitieren von einer hohen Laktatbildungsrate. Aller-

dings ist eine Konsequenzen aus einer hohen Laktatbildung auch eine schlechte Fettverbrennung mit einem daraus resultierenden höheren Bedarf an Kohlenhydraten. Da die Kohlenhydratspeicher im Körper aber begrenzt sind und bei langen Belastungen nicht schnell genug wieder aufgefüllt werden können, ist eine hohe maximale Laktatbildungsrate für Ausdauersportler eher negativ zu bewerten.

Gemessenen wird die VLa$_{max}$ in mmol/l/s. Die Werte liegen normalerweise zwischen 0,2 und 1,0. Vor allem für die langen Ausdauersportarten wie Marathon oder Triathlon ist ein niedriger Wert von unter 0,5 mmol/l/s erstrebenswert. Für Sprinter, die in kurzer Zeit sehr viel Laktat bilden können, ist der Wert normalerweise deutlich über 0,6 mmol/l/s.

Die maximale Sauerstoffaufnahme (VO_{2max})

Die maximale Sauerstoffaufnahme ist ein direktes Maß für den aeroben Energieumsatz.

Der Bedarf an Sauerstoff steigt bei zunehmender Belastung kontinuierlich an, bis ein Maximum -die maximale Sauerstoffaufnahme (VO_{2max})- erreicht wird. Dieses Maximum liegt jenseits der anaeroben Schwelle.

Damit ist die maximale Sauerstoffaufnahme ein Maß für die Leistungsfähigkeit der sauerstoffaufnehmenden, sauerstofftransportierenden und sauerstoffverwertenden Systeme des Organismus. Es handelt sich damit gewissermaßen um die Zusammenfassung der Leistungsfähigkeit der Teilsysteme Atmung, Herz-Kreislauf-System und Muskelzellen im Ausbelastungszustand. Damit ist sie *DIE* klassische Messgröße zur Beurteilung der aeroben Leistungsfähigkeit und ein ganz wichtiges und entscheidendes Kriterium für Ausdauersportler.

Entscheidend ist letztendlich wie viel Sauerstoff im Muskelstoffwechsel für die aerobe Energiegewinnung zur Verfügung gestellt werden kann. Denn je größer die VO_{2max} eines Athleten ist, desto höher kann die Intensität seiner Belastung sein, ohne dass er eine „Sauerstoffschuld" eingehen muss. Das bedeutet, dass auch eine submaximale Belastung länger aufrecht erhalten werden kann und damit die sogenannte aerobe Kapazität größer ist.

Für die Beurteilung der maximalen Sauerstoffaufnahme hat sich in vielen Sportarten ein Bezug zum Körpergewicht (relative VO_{2max}) als sinnvoll erwiesen. In Sportarten, in denen das Körpergewicht nicht voll zu tragen ist (z.B. Rudern, Schwimmen), ist die absolute VO_{2max} aussagekräftiger. Frauen weisen gegenüber Männern etwa 5 bis 10 Prozent geringere Werte auf. Die Werte der VO_{2max} liegen bei männlichen untrainierten Erwachsenen bis zum dritten Lebensjahrzehnt bei etwa 40-45 ml/min·kg, hochausdauertrainierte Athleten haben Werte von teilweise über 80 ml/min·kg. Ab dem 35ten

Lebensjahr nimmt die maximale Sauerstoffaufnahme jährlich um etwa 1 Prozent ab.

Einige der leistungsbestimmenden Teilbereiche können durch Training gut verändert werden, andere sind mehr oder weniger genetisch bestimmt und können nicht, oder nur in sehr begrenztem Umfang, beeinflusst werden. Selbst bei mehrjährigem Leistungstraining liegen die Steigerungsraten bei der maximalen Sauerstoffaufnahme nur bei etwa 20 bis 50 Prozent.

Die trainingsbedingten Steigerungen der VO_{2max} werden vor allem durch eine Vergrößerung des Herzminutenvolumens (Sportlerherz) sowie über eine verbesserte Sauerstoffausschöpfung und -verwertung in der Muskulatur erreicht. Diese rührt von einer gesteigerten Kapillarisierung sowie der Neubildung von Mitochondrien in den Muskelzellen. Mitochondrien werden auch als Kraftwerk der Zelle bezeichnet. Diese Bezeichnung entstammt einer ihrer wichtigsten Funktionen, nämlich der Produktion von Adenosintriphosphat (ATP), dem universellen Energieträger für alle Zellen.

Vor allem bei längeren Ausdauerwettkämpfen ist aber nicht nur die absolute Größe der VO_{2max} entscheidend. Es kommt vielmehr auch darauf an, dass die individuelle VO_{2max} zu einem möglichst hohen Prozentsatz genutzt werden kann. Dies entspricht der Sauerstoffaufnahme an der Dauerleistungsgrenze (anaerobe Schwelle). Diese Fähigkeit ist weit besser trainierbar und kann um etwa 50-70 Prozent gesteigert werden.

Männer						
Alter	20 – 29	30 – 39	40 - 49	50 - 59	60 – 69	> 70
sehr gut	55,5	54,0	52,5	49,0	45,5	42,0
gut	51,0	48,5	46,5	43,5	39,5	36,5
normal	45,0	44,0	42,5	39,0	35,5	32,5
ausreichend	41,5	40,5	38,5	35,5	32,5	29,5
schlecht	< 41,5	< 40,5	< 38,5	< 35,5	< 32,5	< 29,5

Frauen						
Alter	20 – 29	30 – 39	40 - 49	50 - 59	60 – 69	> 70
sehr gut	50,0	47,5	45,5	41,0	37,5	36,5
gut	44,0	42,5	39,5	36,5	33,0	31,0
normal	39,5	38,0	36,5	33,0	30,0	28,0
ausreichend	36,0	34,5	33,0	30,0	27,5	26,0
schlecht	< 36,0	< 34,5	< 33,0	< 30,0	< 27,5	< 26,0

Tab.: Referenzwerte der VO_{2max} [ml/min/kg] (nach Cooper Institute®), nicht speziell ausdauertrainierte „Durchschnittsbevölkerung"

Körperfettanteil

Für Ausdauersportler stellt die Körperzusammensetzung -speziell der Anteil an Fett an der Gesamtkörpermasse- einen wichtigen Fitness-Indikator dar. Aus zahlreichen Untersuchungen ist klar ersichtlich, dass der Körperfettanteil sehr stark mit der Leistungsfähigkeit in Ausdauersportarten korreliert. Aus diesem Grund werden Leistungsdaten wie die maximale Sauerstoffaufnahme oder die Leistung an der anaeroben Schwelle normalerweise auch auf das Körpergewicht bezogen. Je geringer der Fettanteil ausfällt, desto größer wird die auf das Körpergewicht bezogene relative Leistung.

Der Fettanteil ist eine prozentuale Größe, die sich durch die Division der Masse an Körperfett durch die Gesamtkörpermasse ergibt.

Der Körperfettanteil wird durch verschiedene Faktoren beeinflusst. Dies sind unter anderem vor allem:

- Alter
- Geschlecht
- Essgewohnheiten
- Alkoholkonsum
- körperliche Aktivität
- (De-)hydration

Absolut lebensnotwendig ist ein Körperfettanteil von mindestens 2-5 Prozent. (bei Frauen 10-12 Prozent). Darunter werden Strukturfett-Reserven im Körper abgebaut, was zu Beeinträchtigungen von Körperfunktionen führen kann! Männliche Top-Ausdauersportler haben einen Körperfettanteil von fünf bis acht Prozent, weibliche Topathletinnen bewegen sich im Bereich von 12-16 Prozent. Als Referenz und zur Orientierung für Ausdauersportler können die Werte der nachfolgenden Tabelle herangezogen werden.

Männer			
Alter	20 – 39	40 – 59	ab 60
niedrig	< 8 %	< 11 %	> 13 %
normal	8 – 20 %	11 – 22 %	13 – 24 %
hoch	> 20 %	> 22 %	> 24 %

Frauen			
Alter	20 – 39	40 – 59	ab 60
niedrig	< 17 %	17 – 30 %	> 30 %
normal	< 20 %	20 – 32 %	> 32 %
hoch	< 22 %	22 – 34 %	> 34 %

Tab.: Referenzwerte für den Körperfettanteil

Qualitätskriterien einer Leistungsdiagnostik

Eine Leistungsdiagnostik muss gewissen Ansprüchen genügen. Nur dann sind aussagekräftige Daten gewährleistet. Seine Qualität lässt sich anhand folgender Hauptgütekriterien beurteilen:

- **Validität**, sie gibt die Genauigkeit an, mit der der Test tatsächlich jene Eigenschaften erfasst, zu deren Beurteilung er durchgeführt wird. So ist beispielsweise eine Leistungsdiagnostik auf dem Ergometer für die Erfassung der Ausdauer gültig, nicht aber für die Beurteilung der Maximalkraft.

- **Reliabilität**, sie gibt an mit welcher Genauigkeit das zu testende Merkmal erfasst wird und mit welcher Zuverlässigkeit ähnliche Ergebnisse erzielt werden, wenn der Test mehrfach hintereinander durchgeführt wird. Ein Maß für diese Zuverlässigkeit ist der Variationskoeffizient. Er ist eine statistische

Größe, für dessen Ermittlung der Test mehrfach absolviert werden muss. Anschließend werden der arithmetische Mittelwert ($\dot{X}$) und die Standardabweichung (s) aus allen Testergebnissen gebildet. Der Variationskoeffizient errechnet sich dann folgendermaßen:

$$V = 100 \times s/\dot{X} \ \%$$

Ein zuverlässiger Test sollte auf jeden Fall einen Variationskoeffizienten von unter 10 % aufweisen.

- **Objektivität**, sie gibt an, wie sehr ein Testergebnis vom Untersuchenden, dem Auswertenden und der interpretierenden Personen abhängig ist. Um eine große Objektivität zu gewährleisten, sollte ein Test möglichst streng standardisiert sein.

Rahmenbedingungen für eine Leistungsdiagnostik

Für aussagekräftige, objektive und reproduzierbare Testdaten müssen für eine Leistungsdiagnostik möglichst viele der nachfolgend aufgeführten standardisierten Rahmenbedingungen eingehalten werden. Sollte dies nicht der Fall sein, so müssen die Abweichungen unbedingt protokolliert und bei der Interpretation des Testergebnisses berücksichtigt werden.

Umwelt- & Laborbedingungen:

- Temperatur: 18 – 27°C; ideal ist 22°C
- Luftfeuchtigkeit: 30 – 60%, ideal ist 40%
- Meereshöhe

Vorbereitung des Athleten:

- keine Wettkampfbelastungen/harte Trainingseinheiten in den letzten 48 Stunden vor dem Test
- kein Training mittlerer Intensität über 120 Minuten Dauer in den letzten 48 Stunden vor dem Test
- kein Training niedriger Intensität über mehrere Stunden in den letzten 48 Stunden vor dem Test
- keine Änderung der normalen Essgewohnheiten (Diäten)
- kein übermäßiger Alkoholgenuss am Vorabend vor einer Leistungsdiagnostik
- keine Krankheit in der Woche vor dem Leistungstest
- möglichst routinemäßiger Testzeitpunkt (Vormittag/Nachmittag/Abend)

Leistungsdiagnostiken erfolgen generell disziplinspezifisch und müssen für jede Sportart separat durchgeführt werden.

Die Vorbereitung und Befindlichkeit des Athleten wird gemäß einer standardisierten Checkliste abgefragt. Eine Vorlage dazu findet sich im Anhang.

Grundsätzlich sollte der Athlet nach Möglichkeit immer gleich vorbereitet zum Test erscheinen. Dies beinhaltet sowohl die körperliche Vorbelastung als auch die Ernährung in den Tagen vor der Diagnostik.

Vor dem Test wird dem Athleten auf jeden Fall der genaue Ablauf erklärt, so dass er genau weiß was auf ihn zukommt und wie er sich verhalten soll. Dies gewährleistet die reibungslose Durchführung der Diagnostik.

Testverfahren

Da es keine Testverfahren gibt, die die körperliche Leistungsfähigkeit in ihrer Gesamtheit erfassen, wurden im Laufe der Zeit viele unterschiedliche Diagnostiken entwickelt, die die Bestimmung der Ausprägung einzelner physiologischer Parameter ermöglichen.

Es gilt die Leistung limitierenden Parameter aufzudecken um im Trainingsprozess entsprechend eingreifen zu können!

Im weiteren Verlauf werden Leistungsdiagnostiken vorgestellt, die zur Testung metabolischer und kardiovaskulärer Leistungskenngrößen dienen, dabei geht es vor allem um die Bestimmung folgender Parameter:

- individuelle anaerobe Schwelle

- maximale Sauerstoffaufnahme

- maximale Laktatbildungsrate

- Laktattoleranz

- Laktatbildung und -elimination

- maximale aerobe und anaerobe Leistung

Wie wir im vorigen Kapitel dargelegt haben, erfolgt bereits nach einer Belastungsdauer von 75-90 Sekunden die Hälfte der Energiebereitstellung auf aerobem Weg, so dass wir die Testverfahren in aerob und anaerob dominierte Leistungsdiagnostiken unterteilen können.

Darüber hinaus geht es dann in einem weiteren Kapitel um Verfahren zur Bestimmung der Körperfettanteils, der ja im Ausdauersport einen entscheidenden Beitrag zu vielen relativen Leistungskenngrößen und damit der Leistungsfähigkeit generell liefert.

Aerobe Leistungsdiagnostik

Der aeroben Leistungsdiagnostik liegt eine längere Testdauer zugrunde. So werden vor allem die für das aerobe Energiesystem verantwortlichen Parameter angesprochen. Traditionell wird nach dem Stufentest-Prinzip mit einer stetig steigenden Belastung bis zur Ausbelastung des Probanden gearbeitet. Eine Sonderstellung nimmt der Tempodauertest ein, der mit einer über den gesamten Testzeitraum gleichmäßigen Belastung durchgeführt wird.

Das Stufentest-Prinzip

Das Grundprinzip einer Leistungsdiagnostik nach dem Stufentest-Prinzip besteht darin, dass dem Probanden genau definierte Leistungen abverlangt werden. Dadurch können die Messparameter einer objektiven Bewertung unterzogen werden.

Belastungen werden während des Tests stufenweise immer weiter erhöht. Auf jeder Stufe werden die festgelegten Messgrößen protokolliert. Anschließend können die gewonnenen Daten zur einfacheren Interpretation in einem Koordinatensystem aufgetragen und graphisch dargestellt werden.

Messgrößen einer Leistungsdiagnostik haben einen zeitabhängigen Anstieg, so dass eine gewisse Stufendauer gewährleistet sein muss bis sich ein gleichmäßiger Wert eingependelt hat. Meist verläuft der Anstieg in Form einer Exponentialfunktion, das bedeutet, dass der Messparameter der Belastung immer ein Stück „hinterherläuft". In der Grafik auf der gegenüberliegenden Seite ist dies exemplarisch für den Herzfrequenzverlauf dargestellt.

Form und Geschwindigkeit des Anstiegs sind vor allem kriterien-, aber auch personenabhängig, dies sollte bei der Leistungsdiagnostik sowohl in der Höhe des Stufensprungs als auch bei der Stufendauer berücksichtigt werden.

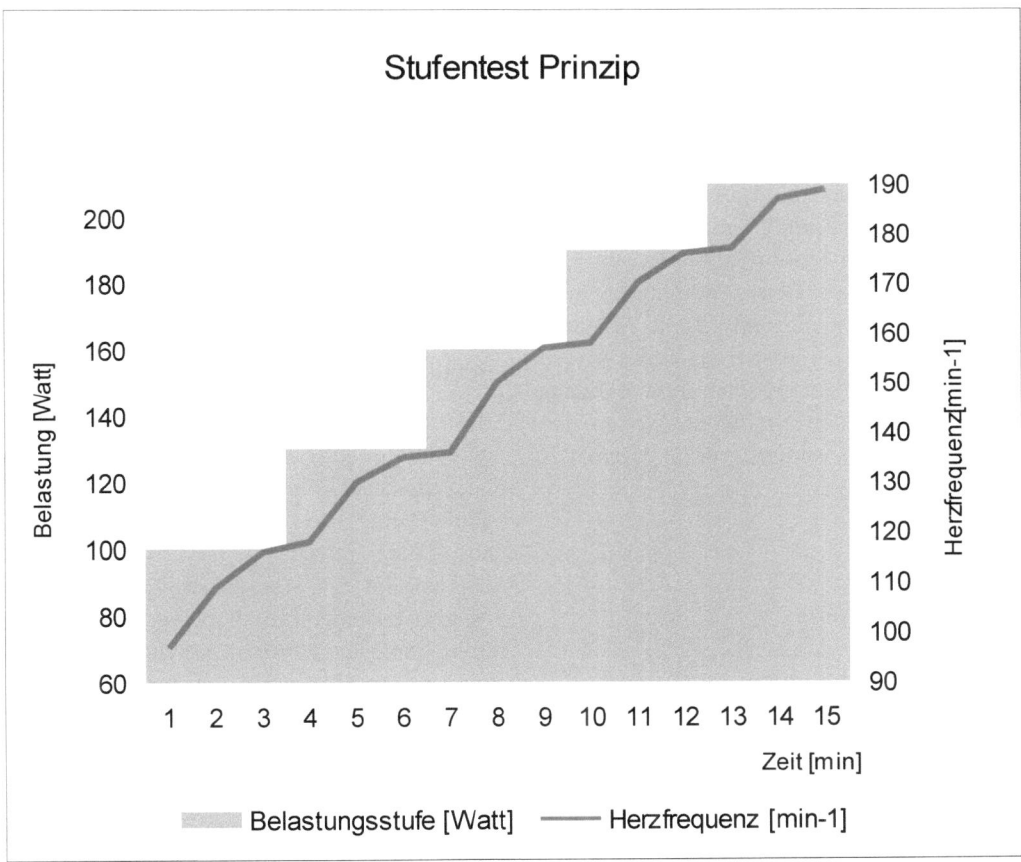

Abb.: Leistungsdiagnostik nach dem Stufentest-Prinzip

Der Laktatleistungstest

Der Laktatstufentest basiert auf dem angesprochenen Stufentest-Prinzip. Der Proband durchläuft auf einem Ergometer oder Laufband eine stufenförmig ansteigende Belastung. Nach jeder Stufe wird die Leistung um einen festgelegten Betrag erhöht, bis nach etwa 6-10 Stufen die individuelle Maximalleistung erreicht ist. Dabei werden auf jeder Belastungsstufe Herzfrequenz und Blutlaktat gemessen. Aus den ermittelten Werten wird dann die Laktatleistungskurve in einem Diagramm aufgetragen.

Durchführung

Die Durchführung des Laktatleistungstests sollte immer nach einem einheitlichen Schema ablaufen. Dies erleichtert die anschließende Interpretation und den Vergleich mit bereits früher absolvierten Tests.

Das Aufwärmen beträgt mindestens 5 Minuten und findet idealerweise auf dem Testgerät statt. Die Intensität ist niedrig. Zu hohe Intensitäten beim Aufwärmen können bereits vor dem eigentlichen Testbeginn zu erhöhten Laktatwerten führen und das Testergebnis, vor allem auf den ersten Belastungsstufen, entscheidend beeinflussen.

Nach dem Aufwärmen wird der Ruhelaktatwert gemessen, anschließend geht der Test mit der ersten Belastungsstufe los.

Prinzipiell bestehen zwei mögliche Laktatentnahmestellen, die Fingerkuppe sowie das Ohrläppchen. Die Laktatkonzentration im Blut ist sehr variabel und hängt auch davon ab, welche Gewebsteile das Venenblut zuvor durchströmt hat. Da die Blutentnahme am Finger tendenziell zu höheren Laktatwerten führt, muss im Protokoll für die exakte Ergebnisinterpretation auf jeden Fall die Entnahmestelle notiert werden. Der Unterschied kann je nach Belastungsintensität 0,3 bis 0,6 mmol/l Laktat betragen. Normalerweise ist die Abnahme von Kapillarblut aus dem Ohrläppchen für die Sportpraxis am günstigsten und allgemein gebräuchlich.

Schweiß hat eine höhere Laktatkonzentration

als Blut. Deshalb muss die Entnahmestelle vor der Blutentnahme gut von Schweiß und altem Blut gereinigt werden.

Die Belastungsstufen werden in fest vordefinierten Zeitabschnitten durchlaufen. Aus physiologischer Sicht sollte eine einzelne Belastungsstufe mindestens so lange andauern, bis die zu untersuchenden Parameter annähernd ein Steady-State, also einen Gleichgewichtszustand, erreichen. Während dies bei der Herzfrequenz auch bei kürzeren Stufendauern kein allzu großes Problem darstellt -nach drei Minuten sind mindestens 95 Prozent des Endwertes erreicht- ist dies beim Laktatverhalten etwas differenzierter zu betrachten. Grundsätzlich gilt hier: Je größer die Abstufung, desto länger muss die Stufendauer gewählt werden um annähernd einen Gleichgewichtszustand in der Laktatkinetik zu erreichen. Aus der Bestimmung in Versuchsreihen mit Radsportlern können die nachfolgend angegebenen Stufenlängen als Empfehlung für die Durchführung eines Tests auf dem Fahrradergometer gegeben werden.

Stufensprung	Empfohlene Mindest-Stufenlänge
10 Watt	2 Minuten
20 Watt	3 Minuten
30 Watt	4 Minuten
40 Watt	4:45 Minuten
50 Watt	5:15 Minuten

Tab.: Stufenlängen in Abhängigkeit vom Stufensprung

Nach diesen Stufendauern ist gewährleistet, dass die Laktatkonzentration mindestens 95 Prozent ihres Endwertes erreicht hat.

Die Höhe der Ausgangsbelastungsstufe richtet sich nach dem Trainingszustand des Athleten. Orientierungswerte für den Fahrradergometer- und Laufbandtest können den Schemata auf der nachfolgenden Seite entnommen werden:

	Anfangsleistung	Stufen-dauer	Leistungssteigerung
REHA	individuell anpassen		
untrainiert	25 Watt	3 Minuten	10 – 25 Watt
Breitensportler	50 – 70 Watt	3 - 4 Minuten	20 – 30 Watt
Leistungssportler	70 – 120 Watt	3 - 5 Minuten	20 – 40 Watt

Tab.: Belastungsprotokoll Fahrradergometer

	Anfangsge-schwindigkeit	Stufen-dauer	Geschwindigkeits-steigerung
REHA	individuell anpassen		
untrainiert	1,4 - 1,6 m/s	3 Minuten	0,2 - 0,4 m/s
Breitensportler	2,2 - 2,4 m/s	3 - 4 Minuten	0,3 - 0,4 m/s
Leistungssportler	2,8 - 3,2 m/s	4 - 5 Minuten	0,3 - 0,5 m/s

Tab.: Belastungsprotokoll Laufband

Im Leistungssport wird bei **Radfahrern** auf dem Ergometer gerne mit den Belastungsprotokollen 100–20–3 oder 100-30-4 gearbeitet. Das bedeutet, dass die Anfangsbelastung 100 Watt beträgt, der Stufensprung 20(30) Watt und die Belastungsdauer pro Stufe 3(4) Minuten. Durch die geringen Stufensteigerungen erhält man eine große Anzahl an Messpunkten. Dies garantiert einen exakten Kurvenverlauf, vor allem auch im Bereich der individuellen anaeroben Schwelle.

Bei leistungssportlich orientierten Läufern hat sich auf dem **Laufband** ein Belastungsprotokoll von 3,0-0,4-5 bewährt, also eine Anfangsbelastung von 3,0 m/s, was knapp 11 km/h entspricht, ein Stufensprung von 0,4 m/s (1,44 km/h) und eine Belastungsdauer von 5 Minuten. Das Laufband sollte aufgrund des fehlenden Luftwiderstandes mit 1-2 Prozent Steigung betrieben werden um die absolvierten Geschwindigkeiten mit denen im Training vergleichen zu können.

Am Ende jeder Belastungsstufe werden Blutlaktat und Herzfrequenz gemessen und protokolliert.

Nach der Blutabnahme ist unverzüglich die nächste Belastungsstufe zu absolvieren. Gesteigert wird bis zur maximalen Ausbelastung des Athleten.

Zusätzlich kann zwei Minuten nach Testende das Nachbelastungslaktat bestimmt werden. Sollte diese Messung durchgeführt werden, darf zwischen dem Belastungsabbruch und der Messung keine körperliche Aktivität erfolgen, da dies ansonsten den Laktatabbau beschleunigen würde.

Auch eine Erholungspuls-Messung kann optional durchgeführt werden. Er sollte jede Minute protokolliert werden. Der Verlauf des Erholungspulses ist ein Zeichen für die Leistungs- und Erholungsfähigkeit eines Sportlers.

Nach dem eigentlichen Test erfolgt die Auswertung mit der Erstellung und Interpretation der Laktatleistungskurve sowie die Besprechung mit dem Trainer und/oder Athleten.

• Auswahl Testgerät nach Sportart
• Athleten mit Checkliste über seine Vorbereitung befragen
• Athleten über den Testablauf informieren
• Einverständnis des Athleten einholen (Haftungsausschluss)
• Einstellen des Testgerätes nach individuellen Bedürfnissen
• Aufwärmen
• Ruhelaktatmessung
• Testbeginn
• Laktatentnahme in den Pausen, protokollieren von Herzfrequenz und Blutlaktat
• Testabbruch bei maximaler Auslastung des Athleten
• Optionale Bestimmung von Nachbelastungslaktat und -herzfrequenz
• Besonderheiten des Testablaufes müssen notiert werden
• Testauswertung und Besprechung mit Athlet/Trainer

Tab.: Ablauf eines Laktatleistungstests

Testinterpretation

Nach der Durchführung des Test erfolgt dessen Auswertung: die aus dem Stufentest ermittelten und in ein Koordinatensystem übertragenen Messwerte verdeutlichen grafisch den Zusammenhang von absolvierter Leistung und dem dazugehörigen Laktatbeziehungsweise Herzfrequenzverlauf.

Leistung [Watt]	100	130	160	190	220	250	280	310	340
Puls [min^{-1}]	100	114	130	143	157	167	176	182	186
Laktat [mmol/l]	1,5	1,4	1,6	1,7	1,9	2,3	3,6	5,6	11,6

Tab.: Messwerte aus dem Laktatleistungstest

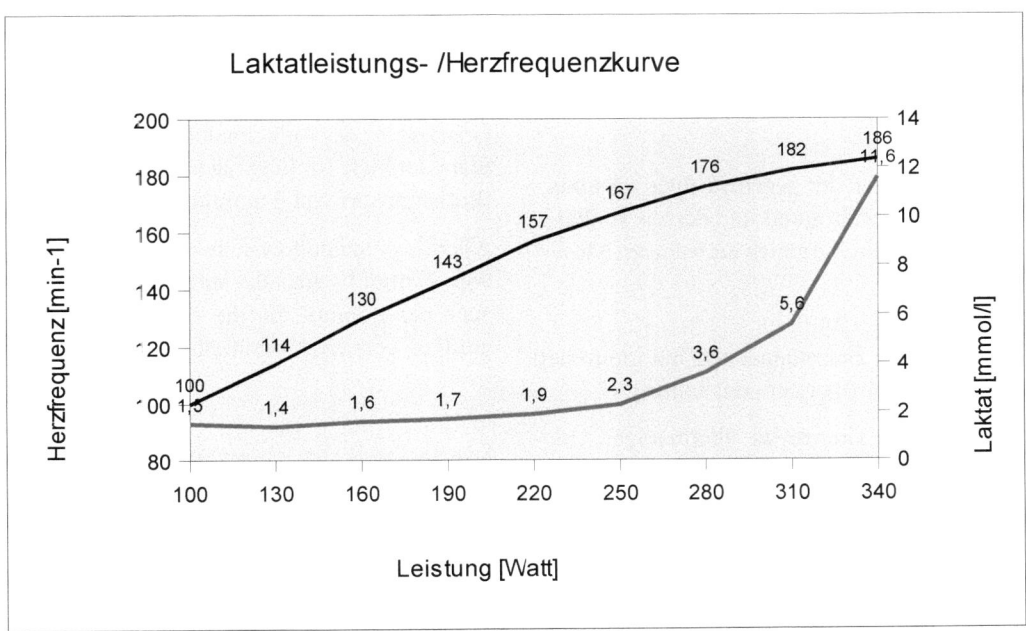

Abb.: Laktatleistungs-/Herzfrequenzkurve aus den ermittelten Messwerten

Mit der erstellten Leistungskurve sollen vor allem folgende für die Trainingssteuerung relevante Aussagen getroffen werden:

- Ermittlung der **individuellen anaeroben Schwelle**

- Bestimmung der **Trainingsintensitäten** ausgehend von der Leistung an der ermittelten individuellen anaeroben Schwelle.

- Abschätzen der gegenwärtigen **aeroben Leistungsfähigkeit** und dessen Veränderungen im Vergleich zu früheren Messungen

Bei welcher Belastungsintensität dominiert welche Art der Energiebereitstellung?

Wo liegt die Grenze zu übermäßiger Laktatbildung?

Zur Bestimmung der einzelnen Bereiche wurden im Laufe der Jahre mehrere unterschiedliche Konzepte und Schwellenmodelle erarbeitet.

Schwellenmodelle

Aufgrund der Grafik können nun die verschiedenen Bereiche und Schwellen des Energiestoffwechsels ermittelt werden.

Als **aerobe Schwelle** wird der Beginn des ersten signifikanten Laktatanstiegs bezeichnet. Typischerweise liegt dieser Wert bei einem Laktatwert von etwa 2,0 mmol/l.

Die **anaerobe Schwelle**, die auch als der Grenzwert des maximalen Laktat-Steady-State definiert ist, liegt nach Mader bei einem Blutlaktatwert von 4 mmol/l.

Allerdings handelt es sich sowohl beim Wert von 2 mmol/l für die aerobe Schwelle als auch bei 4 mmol/l für die anaerobe Schwelle um fixe, empirisch ermittelte, Grenzwerte.

Die individuelle anaerobe Schwelle

Fixe Schwellen, also solche, die sich auf eine definierte Laktatkonzentration beziehen, sind zwar einfach zu bestimmen, berücksichtigen aber nicht die individuelle metabolische Situation des einzelnen Athleten.

Genauer ist hier die individuelle anaerobe Schwelle: sie stellt ein auf den Sportler bezogenes Maß dar und berücksichtigt die individuelle Laktatkinetik des Athleten. Diese kommt vor allem durch den aktuellen Trainingszustand zustande. Auch die ausgeübte Sportart spielt eine wesentliche Rolle. Der Wert der individuellen anaeroben Schwelle wird an einem kritischen Anstieg der Kurve festgelegten. Dazu existieren mehrere Schwellenwertmodelle, die sich auf unterschiedliche, zum Teil auch unbegründete, mathematische Ansätze beziehen.

Das Mader-Schwellenmodell

Nach Mader (1976) wird die anaerobe Schwelle auf einen fixen Wert von 4 mmol/l festgelegt.

Er bezeichnet die anaerobe Schwelle als Bereich des Übergangs zwischen der rein aeroben zur partiell anaerob gedeckten muskulären Energiestoffwechselleistung. Dieser Bereich eigne sich zur Charakterisierung der Ausdauerleistungsfähigkeit, wenn man das Maximum der rein aerob abgedeckten energetischen Leistung mit dieser Leistung

gleichsetzen würde. Die anaerobe Schwelle wird dabei, wie bei allen biologischen Prozessen, nicht abrupt, sondern gleitend überschritten.

Der Schwellenwert von 4 mmol/l resultiert aus Beobachtungen, dass die entsprechende Belastung im statistischen Mittel über längere Zeit toleriert werden kann und erst eine weitere Belastungssteigerung zu höheren Laktatwerten führt.

Die *fixe Laktatschwelle* nach Mader stellt somit einen *Mittelwert* dar, der interindividuelle Unterschiede nicht berücksichtigt.

Das Freiburger Schwellenmodell

Beim Freiburger Schwellenmodell wird die individuelle anaerobe Schwelle auf der Grundlage des ersten signifikanten Laktatanstiegs (Basislaktat) errechnet. Dieser Wert wird mit 2,0mmol/l beaufschlagt und repräsentiert damit die anaerobe Schwelle. Beim sogenannten freien Freiburger Schwellenmodell wird mit einem variablen Offset (oft 1,5mmol/l) gearbeitet. So kann optional auch regulierend auf abweichende Rahmenbedingungen, wie beispielsweise eine Glykogenverarmung, reagiert werden.

Das Simon Schwellenmodell

Simon ermittelt die individuelle anaerobe Schwelle ähnlich dem Freiburger Schwellenmodell. Mit dem Unterschied, dass er statt der 2mmol/l nur 1,5mmol/l zum Basislaktat addiert. Entwickelt wurde das Modell für den Schwimmsport, wo es der Stoffwechselsituation besser entsprechen soll als das Freiburger Modell.

Das Keul Schwellenmodell

Keul berechnet die individuelle anaerobe Schwelle über einen Tangentenwinkel von 45° für Radfahrer und 51° für Läufer. Die niedriger angesetzte anaerobe Schwelle für Radfahrer erklärt sich aus dem Umstand, dass beim Radfahren das Körpergewicht getragen wird und dadurch eine niedrigere Belastung, bzw. Herzfrequenz erreicht wird.

Das Dickhuth Schwellenmodell

Zum Basislaktat, repräsentiert durch den niedrigsten gemessenen Wert, wird beim Schwellenmodell nach Dickhuth ein fixer Zusatz von 0,5mmol Laktat für die aerobe Schwelle und 1,5mmol Laktat für die anaerobe Schwelle hinzuaddiert.

Das Stegmann Schwellenmodell

Stegmann geht bei seiner Berechnung der individuellen anaeroben Schwelle einen eigenen Weg. Dazu wird das Nachbelastungslaktat nach der maximalen Ausbelastung gemessen. Dieses steigt zunächst weiter an, um danach wieder langsam abzufallen. An dem Punkt, an dem Erholungs- und Abbruchlaktat identisch sind, wird eine Tangente an die Laktat-Zeit-Kurve angelegt. Der Schnittpunkt kennzeichnet die individuelle anaerobe Schwelle.

Für das Stegmann Schwellenmodell ist nach der Ausbelastung eine weitere Erfassung von Laktatwerten im gleichen Messzyklus notwendig. Für die Trainingspraxis findet dieses Modell kaum Anwendung.

Vergleich der Schwellenmodelle

Die einzelnen Schwellenmodelle werden sehr kontrovers diskutiert, liefern sie doch teilweise deutlich voneinander abweichende Werte für die anaerobe Schwelle.

Mit den Schwellenmodellen nach Dickhuth und dem Freiburger Modell wurden im Hochleistungssport sehr gute Erfahrungen gemacht. Die Ergebnisse sind auch einfach für die praktische Trainingssteuerung übertragbar.

Im Breitensportbereich wird oft mit dem Mader-Modell der fixen Schwellen gearbeitet. Für Athleten mit sehr guter Ausdauerleistungsfähigkeit ist der fixe Wert von 4 mmol/l erfahrungsgemäß etwas zu hoch angesetzt.

Da die vorgestellten Modelle für einen Leistungstest teilweise leicht, oft auch stärker, voneinander abweichende Schwellenwerte liefern, ist es für die Trainingsüberwachung und den Leistungsvergleich zwingend notwendig, dies zu berücksichtigen und einem einmal gewählten Modell unbedingt treu zu bleiben.

Der nachfolgend dargestellte exemplarische Test und die Ermittlung der individuellen anaeroben Schwelle nach verschiedenen Schwellenmodellen verdeutlicht eindrucksvoll die doch teilweise erheblichen Unterschiede.

Leistung [Watt]	100	130	160	190	220	250	280	310
Puls [min^{-1}]	100	109	120	136	149	162	176	182
Laktat [mmol/l]	1,25	1,23	1,25	1,39	1,81	2,65	4,56	9,22

Abb.: gemessene Werte des exemplarischen Leistungstest

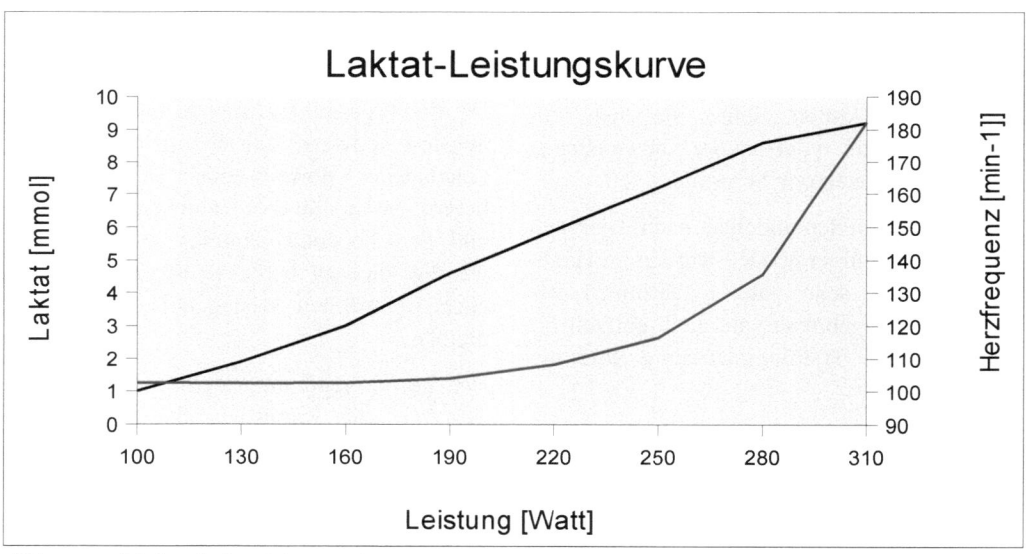

Abb.: zugehörige Laktatleistungskurve

Modell	Hf_{IANS} [min-1]	$Laktat_{IANS}$ [mmol/l]	P_{IANS} [Watt]
Mader	172	4,00	272
Freiburger	168	3,25	264
Keul (45°)	171	3,92	270
Dickhuth	165	2,73	255

Tab.: Individuellen anaeroben Schwelle (IANS) nach unterschiedlichen Schwellenmodellen

Leistungsentwicklung

Eine Leistungsdiagnostik sollte in regelmäßigen Abständen wiederholt werden. Nur so kann eine effektive Kontrolle der Leistungsentwicklung vollzogen werden.

- Waren die gewählten Trainingsmaßnahmen erfolgreich?

- In welchen Bereichen haben Verbesserungen stattgefunden?

- Wo bestehen weiterhin Defizite im Leistungsvermögen?

- Wie belastend war das Training der letzten Wochen?

- ....

Alles Fragen, die sich aus der Analyse der gesammelten Trainings- und Wettkampfdaten in Verbindung mit der regelmäßigen Durchführung einer Leistungsdiagnostik beantworten lassen.

Neben der reinen Höhe der anaeroben Schwelle bietet die Kurve des Laktatleistungstests weitere Informationen. Grundsätzlich gibt es vier mögliche Veränderungen der Kurve im Saisonverlauf mit entsprechender Interpretation:

1. **Rechtsverschiebung der Kurve:**
   Verbesserung der Grundlagenausdauer.

2. **Linksverschiebung der Kurve:**
   Verschlechterung der Grundlagenausdauer.

3. **Flacherer Kurvenverlauf:**
   spricht für einen Zuwachs an anaerober Kapazität und/oder Kraft

4. **Steilerer Kurvenverlauf:**
   Verbesserung der Grundlagenausdauer bei gleichzeitiger Verschlechterung der anaeroben Kapazität.

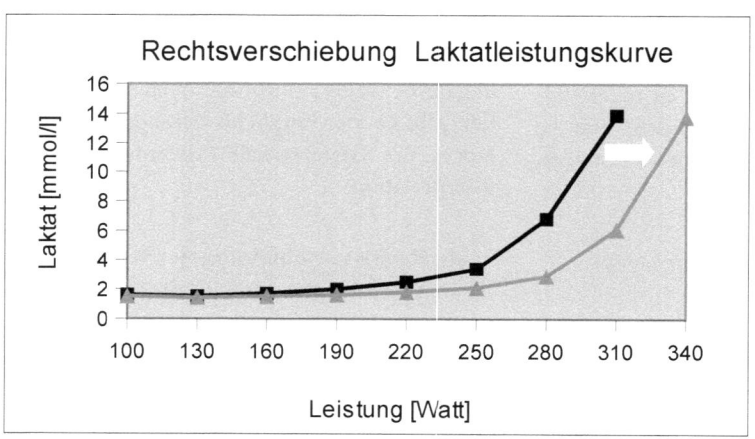

Abb.: Rechtsverschiebung der Laktatleistungskurve

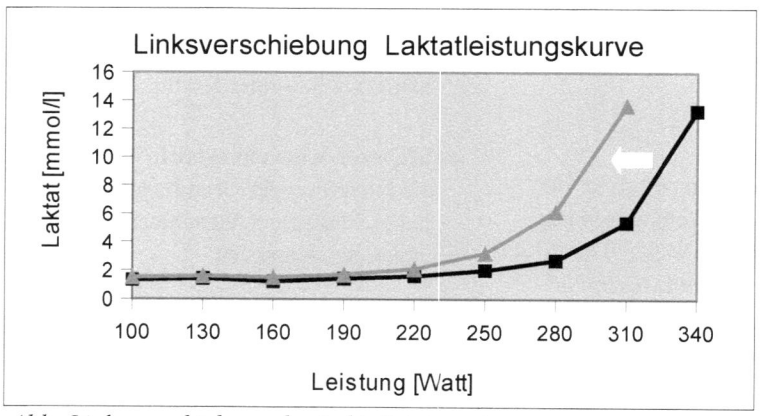

Abb: Linksverschiebung der Laktatleistungskurve

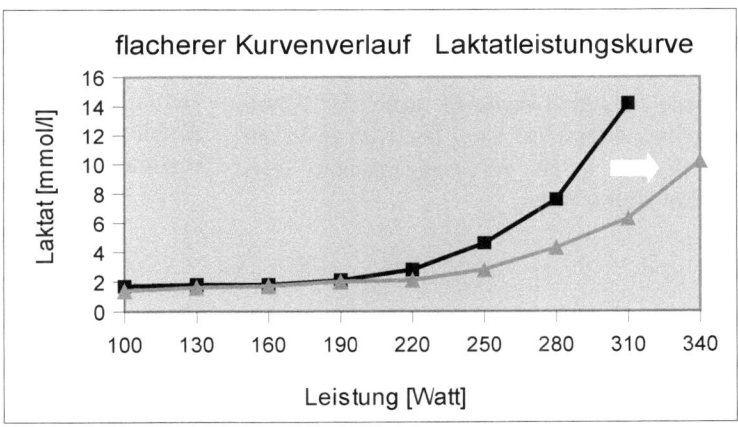

Abb.: flacherer Kurvenverlauf der Laktatleistungskurve

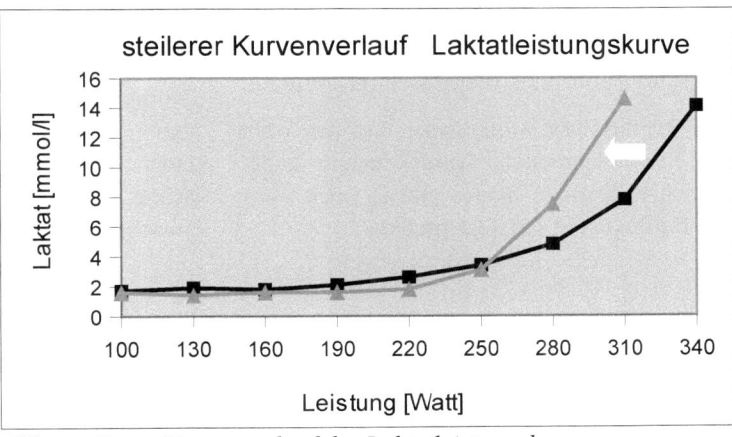

Abb.: steilerer Kurvenverlauf der Laktatleistungskurve

Erholungspuls

Wurde bei der Diagnostik auch der Erholungspuls erfasst, so kann der Kurvenverlauf im Vergleich zu vorausgegangenen Tests interpretiert werden.

Zu beachten ist dabei auf jeden Fall, dass Belastungzeit und -intensität der absolvierten Tests identisch waren. Ein schnellerer Abfall der Pulskurve deutet dann auf eine bessere Erholungsfähigkeit hin.

Einflussfaktoren auf den Laktatleistungstest

Die Relation zwischen Herzfrequenz und Blutlaktatkonzentration kann mitunter sehr variabel ausfallen und hängt von unterschiedlichen Einflussgrößen ab. Dies muss bei der Ermittlung und Interpretation der Laktatleistungskurve unbedingt berücksichtigt werden.

Der Einfluss der Stufendauer und der Wahl des Schwellenmodells wurden bereits angesprochen. Darüber hinaus gibt es noch weitere Einflüsse auf das Testergebnis.

Einflußfaktoren auf die Herzfrequenz

Die Herzfrequenz ist ein entscheidender Parameter der Laktat-Leistungsdiagnostik. Sie wird zu Leistung und Laktatbildung in Bezug

gesetzt und dient sowohl der Definition als auch der Steuerung und Kontrolle der individuellen Trainingsbereiche.

Sie kann auf unterschiedliche innere und äußere Einflüsse mit Abweichungen zu „Normalbedingungen" reagieren. Beobachtungen zu diesen Abweichungen und dem daraus resultierenden Herzfrequenzverhalten lassen gewisse Rückschlüsse auf mögliche Ursachen zu:

- **Temperatur:** bei höherer Lufttemperatur erhöht sich auch die Herzfrequenz, dies kann unter extremen Bedingungen bis zu 15 Schläge/Minute betragen.

- **Luftfeuchtigkeit:** eine hohe Luftfeuchtigkeit, vor allem in Verbindung mit extremer Hitze und übermäßigem Schweißverlust, kann die Herzfrequenz deutlich erhöhen.

- **Ernährung:** unmittelbar nach Mahlzeiten erhöht sich die Herzfrequenz, nach üppigen Mahlzeiten kann dies durch die starke Verdauungstätigkeit durchaus 10 bis 15 Schläge/Minute ausmachen. Bei einer Verarmung der Glykogenspeicher kann die Herzfrequenz bei hoher Beanspruchung ungewöhnlich niedrig ausfallen, bei Flüssigkeitsmangel ungewöhnlich hoch.

Einflussfaktoren auf das Laktatverhalten

Laktatbildung ist das Ergebnis muskulärer Belastung unter anaeroben Stoffwechselbedingungen. Mit steigender Belastungsintensität erhöht sich dabei die Laktatproduktion in der Skelettmuskulatur. Abhängig ist die Menge von unterschiedlichen internen und externen Einflussfaktoren:

- **Muskelfaserzusammensetzung:** Schnell zuckende FT-Muskelfasern und langsam zuckende ST-Muskelfasern unterscheiden sich in ihrer Menge an Enzymen, Myoglobin und Mitochondrien. In ST-reichen Muskelfaserbereichen wurde eine wesentlich schnellere aerobe Funktion und Resynthese des Kreatinphosphat festgestellt, so dass ausdauertrainierte Sportler mit einem hohen Anteil an ST-Muskelfasern generell niedrigere Laktatkonzentrationen erreichen als Sportler aus „anaeroben Sportarten".

- **Glykogenspeicher:** Die Laktatkonzentration bei Belastung ist in hohem Maß von der Füllung der muskulären Glykogenspeicher abhängig. Je weniger diese gefüllt sind, desto weniger Laktat wird bei der Belastung produziert. Das Resultat: die Laktatleistungskurve verschiebt sich nach rechts und täuscht eine bessere Leistungsfähigkeit vor als sie dem momentanen Zustand eigentlich entspricht. Bei extremer Glykogenbeladung, wie sie beispielsweise mit einer Kohlenhydratdiät erreicht wird, ist der Effekt genau umgekehrt: die Laktatleistungskurve verschiebt sich nach links und täuscht einen schlechteren Leistungsstand vor.

- **Untersuchungsort/Testgerät:** die Übertragung der im Labor ermittelten Untersuchungsergebnisse auf andere Bedingungen ist nicht unproblematisch. So wurde unter Feldbedingungen festgestellt, dass die Laktatkurve meist steiler ansteigt als unter Laborbedingungen. Dies liegt, neben klimatischer Einflüsse

wie Temperatur, Luftfeuchtigkeit, Wind und Wärmestrahlung, bei Läufern vor allem an der zum Laufband abweichenden Koordination und dem Bodenbelag mit anderen mechanischen Eigenschaften. Auch das Schwingungsverhalten und die unterschiedliche Elastizität der Laufflächen verschiedener Testgeräte hat einen großen Einfluss auf die Laktatkinetik, so dass Längsschnittuntersuchungen stets auf ein und dem selben Laufband durchzuführen sind.

Spiroergometrie

Während einer Spiroergometrie wird die Zusammensetzung der Atemgase bei ansteigender Belastung bestimmt. Dadurch können sehr genaue Aussagen über den Energiestoffwechsel und die Leistungsfähigkeit des Probanden gemacht werden. Durch die kontinuierliche Messung der Atemgase ergibt sich ein geringerer Interpretationsspielraum als beim Laktatstufentest, bei dem die Messungen ja nur punktuell zu definierten Zeitpunkten erfolgen.

Der Test sollte, ebenso wie der Laktatleistungstest, unbedingt disziplinspezifisch durchgeführt werden. Für die standardisierten Rahmenbedingungen gelten sinngemäß die selben Aussagen wie beim Laktatleistungstest.

Ablauf

Eine Spiroergometrie verläuft ebenfalls nach dem Stufentest-Prinzip. Statt einer Blutabnahme und Laktatbestimmung wird das ein- und ausgeatmete Atemgas des Sportlers kontinuierlich gemessen und analysiert. Dazu trägt der Proband eine Atemmaske über Mund und Nase. Zwischen der jeweiligen Belastungsstufe und der Sauerstoffaufnahme besteht eine lineare Beziehung, so dass man einer Arbeitsintensität immer einen definierten Sauerstoffbedarf zuordnen kann. Man spricht in diesem Fall von einem steady-State Zustand der Sauerstoffaufnahme.

Je nach Belastungshöhe und -sprüngen, vergehen auch bei der Spiroergometrie etwa 2 bis 6 Minuten bis die Sauerstoffaufnahme der Belastungsintensität entspricht, also der Steady-State Zustand erreicht ist. So kann man sich beim Belastungsprotokoll der Spiroergometrie auch an den Vorgaben des Laktatstufentests orientieren. Oft wird eine Spiroergometrie mit einer Laktatdiagnostik kombiniert, so dass sich auch aus dieser Sicht das Belastungsprotokoll des Laktatleistungstests anbietet.

Die gemessenen Parameter einer Spiroergometrie sind im Rahmen einer Leistungsdiagnostik normalerweise:

- Sauerstoffaufnahme
- Produktion von Kohlendioxid
- Zahl und Tiefe der Atemzüge (optional)

Aufgrund dieser Messgrößen lassen sich Rückschlüsse auf weitere Funktionsparameter ziehen. Für die Trainingssteuerung und -kontrolle sind vor allem zwei von besonderer Bedeutung:

- **maximale Sauerstoffaufnahme**, sie gilt als das Bruttokriterium der maximalen aeroben Leistungsfähigkeit und eignet sich daher sehr gut zur Beurteilung des momentanen Leistungszustandes.

- **respiratorischer Quotient**, er eignet sich hervorragend zur Beurteilung der Stoffwechselvorgänge während der Belastung und dient damit auch zur Bestimmung der individuellen anaeroben Schwelle.

Untersuchungsparameter

Maximale Sauerstoffaufnahme (VO2max)

Die maximale Sauerstoffaufnahme (VO2max) ist der höchste Sauerstoffaufnahmewert den eine Person pro Minute erreichen kann. Trotz weiterer Steigerung der Belastungsintensität kann ab diesem Punkt keine weitere Steigerung der Sauerstoffaufnahme verzeichnet werden. Im Registrierungsprotokoll entsteht ein charakteristisches Plateau, sehr gut erkennbar in der Grafik auf der nächsten Seite. Man spricht vom Levelling-off der Sauerstoffaufnahme.

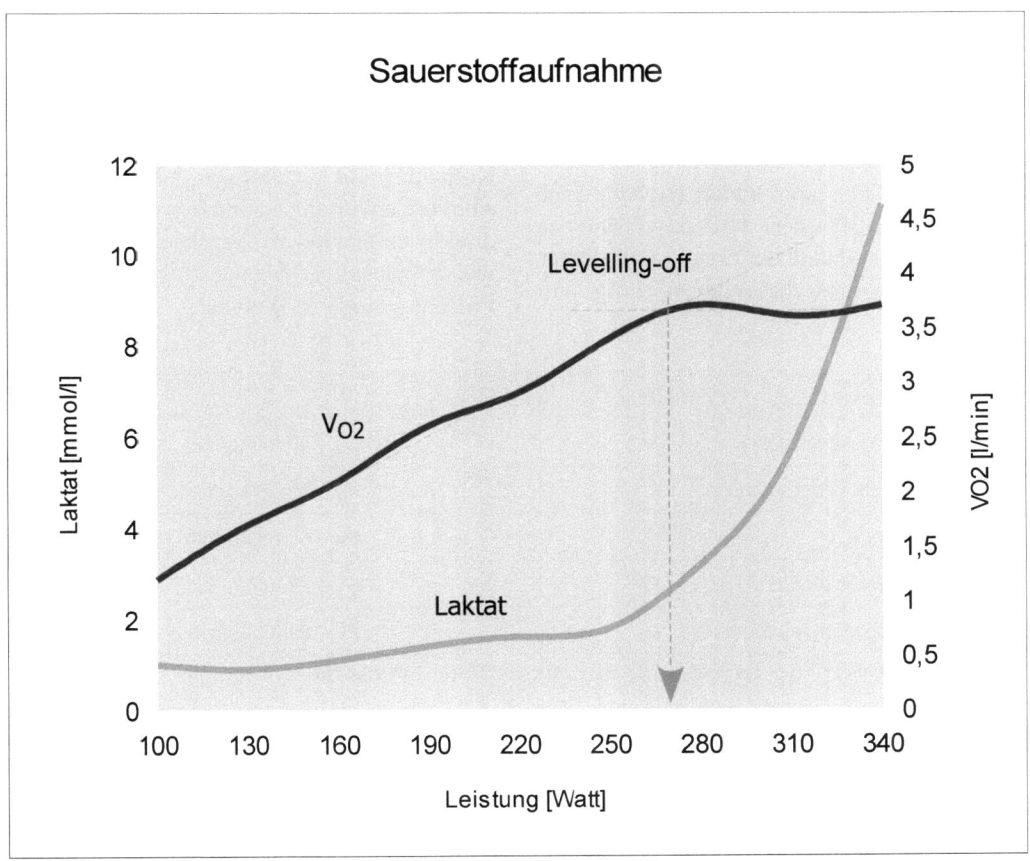

Abb.: Sauerstoffaufnahme bei ansteigender Belastung

Das Levelling-off-Phänomen, als Ausdruck der Stagnation einer weiteren Zunahme der Sauerstoffaufnahme, ist das zuverlässigste Kriterium für das tatsächliche Erreichen der maximalen aeroben Leistungsfähigkeit. Leider wird es im Test nicht immer erreicht. Auch bei gesunden Personen wird das Phänomen oft nur bei Laufbandbelastungen beobachtet, bei Fahrradergometerbelastungen erfolgt auf-

grund der geringeren beanspruchten Muskelmasse meist vorher ein Arbeitsabbruch.

Für die Beurteilung der maximalen aeroben Leistungsfähigkeit hat sich der Bezug zum Körpergewicht (relativen VO_{2max}) als sinnvoll erwiesen. Dadurch werden Sportler direkt miteinander vergleichbar. Frauen weisen gegenüber Männern einen etwa 5-10 Prozent geringeren Wert auf.

	Referenzwerte rel. VO_{2max}
Frauen (20. - 30. Lebensjahr)	32 – 40 ml/kg/min
Männer (20. - 30. Lebensjahr)	40 – 50 ml/kg/min
Ausdauertrainierte	50 – 65 ml/kg/min
Leistungssportler Ausdauer	65 – 75 ml/kg/min
Hochleistungssportler Ausdauer	75 – 85 ml/kg/min

Tab.: Referenzwerte der relativen VO_{2max} ausgewählter Sportarten

Respiratorischer Quotient

Aus der CO_2-Abgabe und der O_2-Aufnahme wird durch einfache Division der Respiratorische Quotient gebildet:

$$RQ = VCO_2 / VO_2$$

Der dimensionslose Quotient dient als Indiz für den Ausbelastungsgrad des Organismus und kann zur Bestimmung der Anteile von Kohlenhydrat- und Fettstoffwechsel an der Energiegewinnung herangezogen werden.

Liegt der Respiratorische Quotient bei weiter ansteigender Belastung über 1, so ist der Athlet nicht mehr in der Lage genau so viel Sauerstoff aufzunehmen, wie er CO_2 abgibt. Das Ergebnis: sein Laktatspiegel steigt deutlich an. Somit repräsentiert ein RQ von 1 den Punkt der individuellen anaeroben Schwelle.

Respiratorischer Quotient (RQ)	Anteile der Energieträger an der Energiegewinnung (Stoffwechsellage)	Energieäquivalent
0,70	100% Fette	4,69 kcal
0,75	75% Fette 25% Kohlenhydrate	4,75 kcal
0,85	50% Fette 50% Kohlenhydrate	4,87 kcal
0,95	25% Fette 75% Kohlenhydrate	4,96 kcal
1,0	100% Kohlenhydrate	5,05 kcal

Tab.: Rückschluss aus dem RQ zur Art des Energiestoffwechsels

Conconi-Test

Der italienische Sportmediziner Francesco Conconi entwickelte vor einigen Jahren ein unblutiges Verfahren zur Bestimmung der anaeroben Schwelle.

Der nach ihm benannte Conconi-Test ist dank des geringen apparativen Aufwandes jederzeit einfach durchführbar.

Der Test nutzt das Phänomen, dass die Herzfrequenz in einem weiten Bereich linear mit der Belastung ansteigt. Lediglich für niedrige und sehr hohe Belastungen gilt dies nicht.

Während des Tests durchläuft der Athlet eine stufenweise ansteigende Belastung. Zunächst verläuft die Herzfrequenzkurve dabei entsprechend der Leistungserhöhung linear ansteigend. Dies gilt bis zu einer bestimmten Belastungsintensität. Der Punkt, an dem die Herzfrequenzkurve ihre gerade Bahn verlässt und abknickt, bezeichnet Conconi als Deflektionspunkt. Dieser entspricht laut Conconi der anaeroben Schwelle. Man muss allerdings auch erwähnen, dass bei vergleichenden Untersuchungen, bei denen parallel eine Laktatmessung durchgeführt wurde, der

Umschlagpunkt nicht immer genau mit der anaeroben Schwelle übereinstimmte. Auch ist nicht in allen Fällen ein deutlicher Abknickpunkt erkennbar, was die Schwäche des Testverfahrens ebenfalls verdeutlicht.

Testdurchführung

Auch dem Conconi-Test liegt das Prinzip einer ansteigenden Stufenbelastung zugrunde.

Am Beispiel eines Lauftests soll die Vorgehensweise veranschaulicht werden: Auf einer 400-Meter-Bahn läuft der Athlet eine Strecke von 200 Metern mit einer langsamen Anfangsgeschwindigkeit. Alle 200 Meter steigert er das Tempo. Dies geschieht so lange, bis eine weiter Verschärfung nicht mehr möglich ist. An den 200-Meter-Messpunkten werden jeweils Herzfrequenz und Laufzeit für den 200-Meter-Abschnitt registriert. Je nach Leistungsvermögen des Athleten startet man mit einer 200m-Zeit von 60 bis 70 Sekunden. Gesteigert wird jeweils um etwa zwei bis drei Sekunden, so dass möglichst 8 bis 12 Messpunkte realisierbar sind.

Nach dem Test werden die Werte in einem Diagramm aufgetragen (x-Achse: Geschwindigkeit; y-Achse: Herzfrequenz). Aus der entstandenen Kurve kann jetzt der Deflektionspunkt bestimmt werden.

Ursprünglich wurde der Test für das Laufen entwickelt, er kann aber auch sehr gut auf einem Fahrradergometer mit ansteigender Watt-Belastung durchgeführt werden. Als Feldtest auf einer Rad-Rundbahn, oder auch als Schwimmtest, ist zu beachten, dass der Luft- beziehungsweise Wasserwiderstand überproportional anwachsen und somit bei der Diagrammerstellung die Schwimmgeschwindigkeit kubisch $(m/s)^3$ und die Radgeschwindigkeit quadratisch $(km/h)^2$ aufgetragen werden müssen.

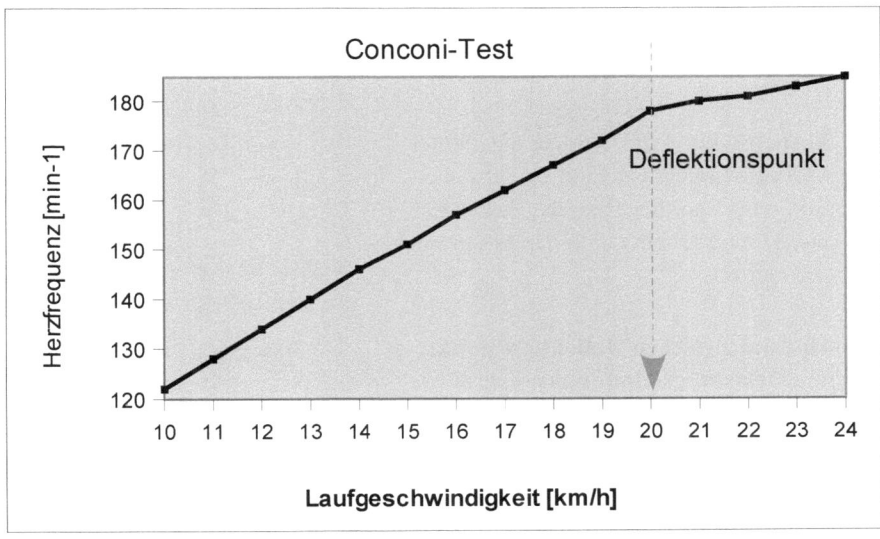

Abb.: Grafische Auswertung des Conconi-Tests

Testinterpretation

Für die Beurteilung der Testergebnisse können vier Kenngrößen herangezogen werden.

- **Deflektionspunkt:** je weiter rechts, desto größer ist das aerobe Leistungsvermögen.

- **Belastungs-Endpunkt:** die maximale Geschwindigkeit/ Leistung ist ein Maß für das Niveau der Schnelligkeitsausdauer sowie der Mobilisationsfähigkeit.

- **Anstiegswinkel der Kurve:** ein kleiner Anstiegswinkel deutet auf ein ausdauertrainiertes Sportherz hin, das Herz-Kreislauf-System arbeitet unter Belastung sehr ökonomisch.

- **Abstand zwischen Deflektionspunkt und Belastungs-Endpunkt:** je größer der Abstand desto stärker ist die anaerobe Leistungsfähigkeit ausgeprägt.

Leistungsentwicklung

Wird der Test in regelmäßigen Abständen durchgeführt, so kann eine Kontrolle der Leistungsentwicklung vorgenommen werden:

Rechtsverschiebung der Kurve

- Erhöhte Ausdauerleistungsfähigkeit

- positive Umstellung und Anpassung der Organsysteme

Flacherer Kurvenverlauf

- Trend zu verbesserter Grundlagenausdauer

Steilerer Kurvenverlauf / gleichbleibender Deflektionspunkt

- Trainingsschwerpunkt wurde auf intensivere Belastungen gelegt

- höhere motorische Leistungsfähigkeit

Kein Deflektionspunkt sichtbar

- mangelnde anaerobe Leistungsfähigkeit

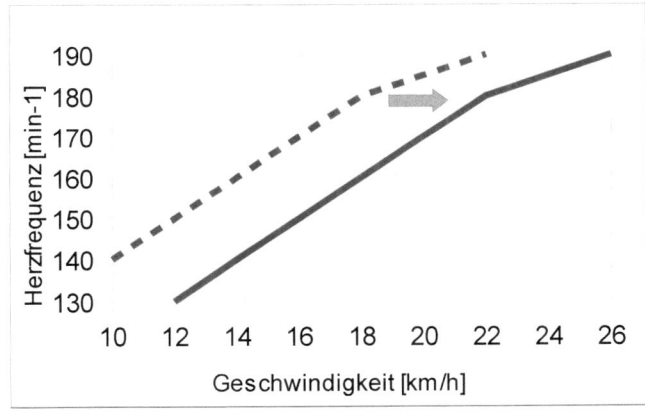

Abb.: Rechtsverschiebung der Kurve

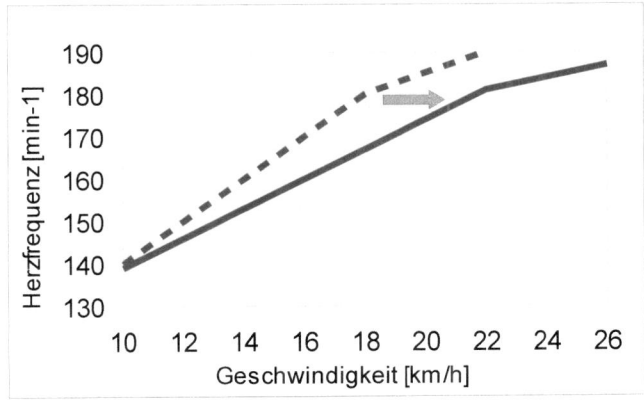

Abb: Flacherer Kurvenverlauf

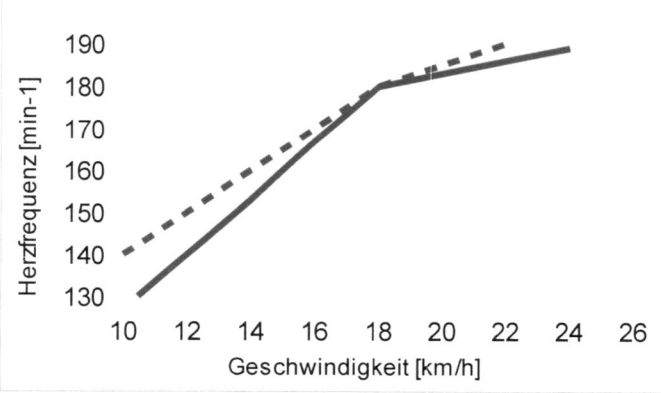

Abb.: Steilanstieg der Kurve

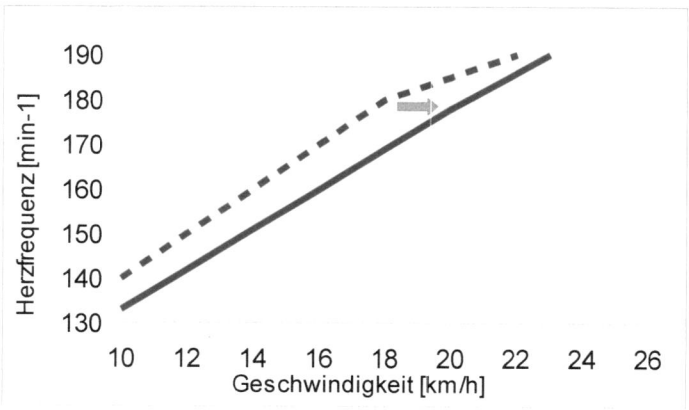

Abb.: Kurve ohne Deflektionspunkt

Der Tempodauertest

Die Leistung an der individuellen anaerobe Schwelle entspricht ziemlich genau der Leistung, die über eine Stunde aufrecht erhalten werden kann. Man spricht deshalb auch von der „*Stundenkapazität*". So kann man über einen Feldtest einfach und doch präzise seine anaerobe Schwelle bestimmen.

Der Tempodauertest kann prinzipiell auf alle Ausdauersportarten angewendet werden. Ursprünglich kommt er aus dem Radsport, wo er noch eine große Popularität geniest. Seine Durchführung ist einfach und bringt praktikable Ergebnisse mit sich.

Testdurchführung

Nach einem ausgiebigen Aufwärmen mit ein paar integrierten Temposteigerungen beginnt man mit dem eigentlichen Test. Je nach Bezugsgröße wird er folgendermaßen absolviert:

→ Bezugsgröße *Puls*:

- 20 min Zeitfahren / scharfer Tempodauerlauf / sonstige Sportart

- Messung des Durchschnittspulses der letzten 10 Minuten (die ersten 10 Minuten werden für die „Einregulierung" des Pulses benötigt)

→ Bezugsgröße *Leistung*:

- 20 min Zeitfahren /Ruderergometer/ sonstige Sportart

- Messung des Durchschnittsleistung über die 20 Minuten

Die Leistung an der anaeroben Schwelle entspricht der Leistung, die maximal über eine Stunde erbracht werden kann. Entsprechend subtrahiert man von den ermittelten Puls- bzw. Leistungswerten, die sich ja aus einem Test über 20 Minuten ergeben, noch 5 Prozent. Erfahrungsgemäß korreliert der ermittelte Werte ganz gut mit Puls- und Leistung in einem einstündigen Wettkampf, also der tatsächlichen maximalen Stundenleistung. Außerdem werden für die Trainingspraxis ja auch Bereiche für die Trainingsintensität genutzt, so dass der aus dem Test ermittelte Wert trotzdem als praktikable Bezugsgröße für die Bestimmung der Trainingsbereiche herangezogen werden kann.

Wenn einem der 20 Minuten Test zu lang und aufwendig erscheint, kann man auch auf eine kürzere Testdauer ausweichen, sollte sich aber bewusst sein, dass die Relevanz für die Stundenleistung mit abnehmender Testdauer geringer wird. Als Alternative wird oft ein 8 Minuten Dauertest durchgeführt, entsprechend muss dann von der ermittelten Werten noch zehn Prozent abgezogen werden.

Rampentest

Das Ziel des Rampentests ist die Ermittlung der maximalen Sauerstoffaufnahme, der Fähigkeit zur Laktatmobilisation, des Maximalpulses sowie der maximalen Leistung bei individuell größtmöglichem aeroben Energieumsatz. Die Ausbelastung sollte nach etwa 4 bis maximal 8 Minuten erreicht sein. Entsprechend schnell muss die Leistung beim Test gesteigert werden.

Der Test charakterisiert den momentanen Leistungszustand sehr gut, für die Trainingssteuerung im Grundlagenausdauerbereich ist er jedoch ungeeignet. Sinnvoll ist er damit vor allem für ambitionierte Wettkampf- und Leistungssportler.

Testdurchführung

Die Eingangsstufe wird entsprechend der zu erwarteten Maximalleistung gewählt. Im Radsport haben sich 80-120 Watt bewährt, beim Laufen startet man etwa mit 10-12 km/h.

Die Belastung wird so erhöht, dass nach etwa 4 bis spätestens 8 Minuten die individuelle Maximalleistung erreicht ist. Die Steigerung kann dabei stufenlos oder in kleinen Schritten erfolgen. Beim Ergometertest von Leistungssportlern nimmt man dazu etwa Steigerungen von 1 Watt/Sekunde, bei Läufern zum Beispiel einen kleinstufigen Sprung von 1 km/h alle 30 Sekunden.

Je steiler die Rampe gewählt wird, desto genauer gibt der Test Auskunft über die maximale Leistungsfähigkeit. Am Belastungsende werden die maximale Sauerstoffaufnahme sowie die maximale Laktatmobilisation erfasst.

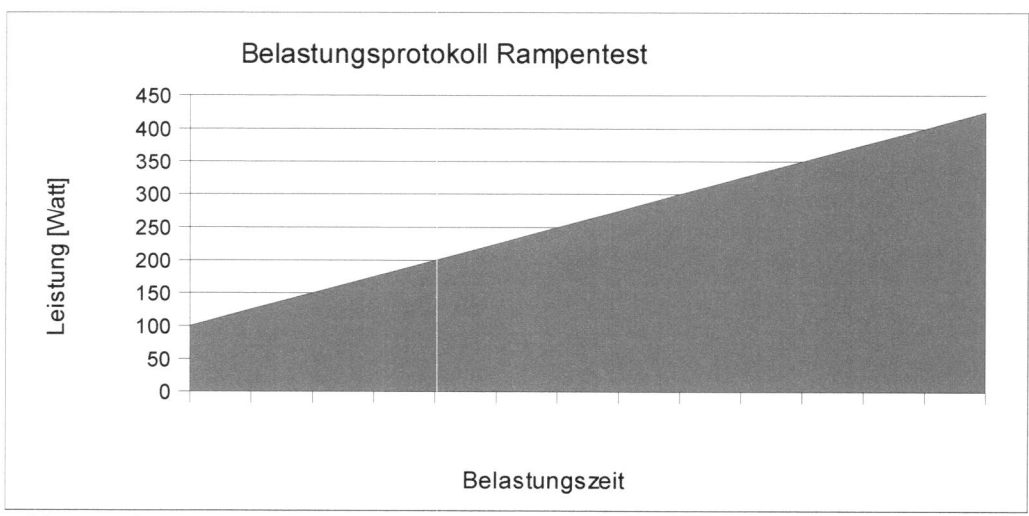

Belastungsprotokoll Rampentest

Abb.: Belastungsprotokoll Rampentest bei linear stufenloser Belastungssteigerung

Testauswertung

Maximale Sauerstoffaufnahme

Für eine exakte Messung der maximalen Sauerstoffaufnahme muss das Atemgas mittels einer Spiroergometrie analysiert werden. Steht diese Möglichkeit aber nicht zur Verfügung, so kann sie auch über die maximal erreichte Leistung näherungsweise ermittelt werden. Der Grund dafür liegt darin, dass zwischen Leistung und Sauerstoffaufnahme eine enge lineare Beziehung besteht. So lässt sich aus der maximalen Leistung sehr gut die maximale Sauerstoffaufnahme mit Hilfe einer Regressionsgleichung abschätzen. Die Genauigkeit einer Atemgasanalyse lässt sich damit freilich nicht erreichen.

$$VO_{2max} \text{ [ml]} = KM \times 6,3 + 10,2 \times P_{max}$$

KM = Körpermasse in Kg

P_{max} = maximale Leistung bei Belastungsabbruch

Maximale aerobe Leistung

Die Leistung im Augenblick des Belastungsabbruchs repräsentiert den individuell größtmöglichen aeroben Energieumsatz. Wird die Leistung nicht linear sondern in kleinen Stufen gesteigert, dann ist es oft der Fall, dass die letzte Stufe nicht über den gesamten Zeitraum durchgehalten wird. Dann kann die maximale aerobe Leistung über nachfolgende Formel bestimmt werden.

$$P_{max} = P_V + (T_{letzt}/T_V) \times \Delta St.$$

P_V = Leistung auf der letzten vollen Belastungsstufe

T_{letzt} = Zeit auf letzter (abgebrochener) Stufe

T_V = vorgesehene volle Stufendauer

$\Delta St.$ = Differenz der Belastungsstufen

Anaerobe Leistungsdiagnostik

Um vor allem die für das anaerobe Energiesystem verantwortlichen Kenngrößen anzusprechen liegt der anaeroben Leistungsdiagnostik eine deutlich kürzere Testdauer zugrunde.

Die anaerobe Leistungsfähigkeit ist einerseits vom alaktaziden (ohne Bildung von Laktat) und andererseits vom laktaziden (unter Bildung von Laktat) Leistungsvermögen abhängig. Eine isolierte Bestimmung der beiden Anteile ist aber schwierig und nur unter hohem Aufwand möglich. Für die Abschätzung der gesamten anaeroben Kapazität wird mit unterschiedlichen Testdauern gearbeitet, der Anteil der laktaziden Energiegewinnung nimmt mit der Dauer ebenso zu, wie der Anteil der aeroben Energiebereitstellung.

VLa$_{max}$-Test

Beim VLa$_{max}$-Test geht es um die Bestimmung der maximalen Laktatbildungsrate. Sie ist ein Parameter des anaeroben Stoffwechsels und ein Maß dafür, wie schnell Kohlenhydrate zu Laktat umgewandelt werden.

Für Sprinter ist eine hohe Laktatbildungsrate für maximale Kurzzeitleistungen zwingend notwendig, für Langzeitausdauerathleten ist es eher hilfreich, wenn sie über eine niedrige Laktatbildungsrate verfügen.

Ihre höchste Aktivität erreicht die Glykolyse, damit auch die Laktatbildung, bei kurzzeitigen Belastungen bis 15 Sekunden Dauer. Das entstehende Laktat kann einige Minuten danach im Blut bestimmt werden. Bei den kurzen Belastungen können die Prozesse der Laktatelimination vernachlässigt werden, so dass der maximale Wert des Nachbelastungslaktat ein zuverlässiges Maß für die Laktatbildungsrate darstellt.

Testdurchführung

Zur Bestimmung der maximalen Laktatbildungsrate werden Sprints oder Maximalbelastungen auf dem Fahrradergometer genutzt. Der Proband versucht über einen Zeitraum von 10 bis 15 Sekunden seine maximale Leistung abzurufen.

Vor dem Test wird das Ruhelaktat gemessen, nach der Belastung werden im Abstand von 1 bis 2 Minuten die Laktatwerte bestimmt. Und zwar so lange, bis der Wert wieder abfällt.

Um den alaktaziden Wert des Stoffwechsels herauszurechnen, sollte dieser Anteil ebenfalls berücksichtigt werden. Eine direkte Messung ist nur unter extrem hohen Aufwand mittels Muskelbiopsie möglich. Er kann indirekt über die Sauerstoffmehraufnahme nach dem Belastungsende bestimmt werden. Bei maximalen Belastungen von 10 bis 15 Sekunden beträgt der Anteil etwa 3 Sekunden, so dass man bei der Berechnung der Laktatbildungsrate auch sehr gut mit diesem Wert rechnen kann.

Testauswertung

Durch Ruhelaktat, Maximalwert des Laktats und der Zeitdauer der Belastung kann die maximale Laktatbildungsrate rechnerisch ermittelt werden.

$$V_{LA\,max} = \frac{L_{max} - L_{Ruhe}}{t_{Test} - t_{alak}}$$

$V_{LA}\,max$ = maximale Laktatbildungsrate [mmol/l/s]

L_{max} = maximales Laktat [mmol/l]

L_{Ruhe} = Ruhelaktat [mmol/l]

t_{Test} = Testdauer [s]

t_{alak} = Zeit alaktazider Stofwechsel [s] (Näherungswert: 3s)

Wingate Test

Beim Wingate Test handelt es sich um einen 30 sekündigen Fahrradergometertest, der der Ermittlung der anaeroben Leistungsfähigkeit dient. Zu Beginn der Belastung erfolgt die Energiegewinnung weitestgehend alaktazid, also ohne Laktatbildung. Bei zunehmender Testdauer wird dann bei steigender Glykolyserate immer mehr Laktat produziert. Das Laktatmaximum wird etwa 5 bis 7 Minuten nach dem Belastungsabbruch erreicht. Der alaktazide Anteil an der Gesamtenergieproduktion kann beim Wingate Test nur indirekt über die Sauerstoffmehraufnahme nach dem Belastungsende bestimmt werden. Dazu müssen während des Tests parallel Laktatwerte erfasst sowie eine Atemgasanalyse mittels Spiroergometrie durchgeführt werden. Dann kann auch der aerobe Energieanteil über das kalorische Äquivalent bestimmt werden. Ein exemplarischer Verlauf der Laktatkonzentration im Blut ist auf der gegenüberliegenden Seite dargestellt.

Testdurchführung

Zu Testbeginn versucht der Athlet zunächst ohne Widerstand mit maximaler Frequenz in die Pedale zu treten und dabei ein Schwungrad maximal zu beschleunigen. Nach drei Sekunden wird dieses dann gebremst, so dass der Athlet für die restliche Zeit gegen einen kontinuierlichen Tretwiderstand arbeiten muss. Der Tretwiderstand hat Auswirkung auf die Leistungswerte. Je nach Trainingszustand, Alter und Geschlecht ergeben sich unterschiedliche Ergebnisse. Um standardisierte Bedingungen zu schaffen wird normalerweise mit einem Bremsgewicht von 7,5 Prozent des Körpergewichts gearbeitet, so dass die ermittelten Werte verschiedener Athleten miteinander vergleichbar sind. Bei sehr gut trainierten Athleten aus anaerob dominierten Sportarten kann das Bremsgewicht auch auf bis zu 10 Prozent des Körpergewichts erhöht werden, dies muss dann aber auf jeden Fall im Testprotokoll vermerkt werden.

Nachdem der Widerstand am Ergometer eingestellt ist, versucht der Athlet dann über die Testdauer von 30 Sekunden die höchstmögliche Tretfrequenz aufrecht zu halten. Nach der Belastungszeit von 30 Sekunden ist der Test beendet.

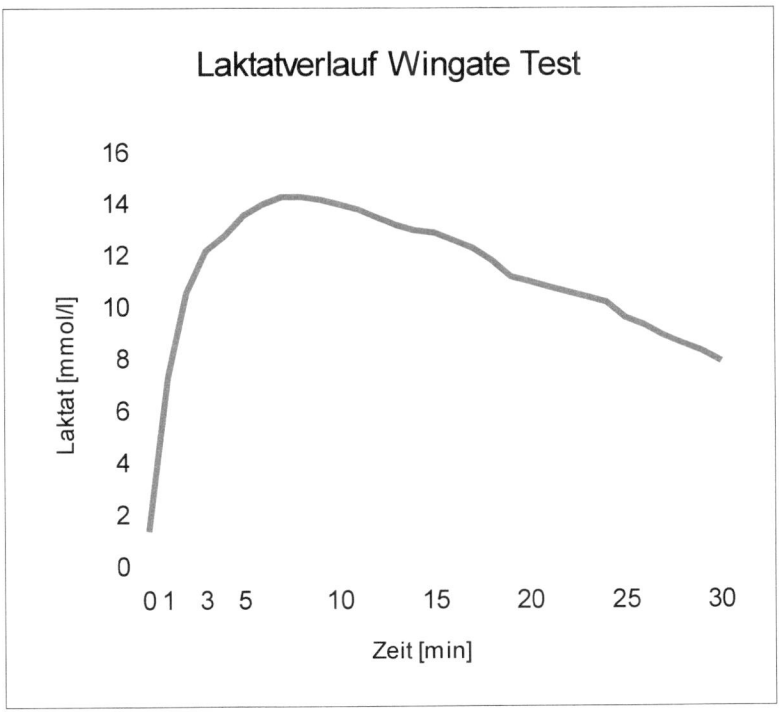

Abb.: Laktatverlauf Wingate Test

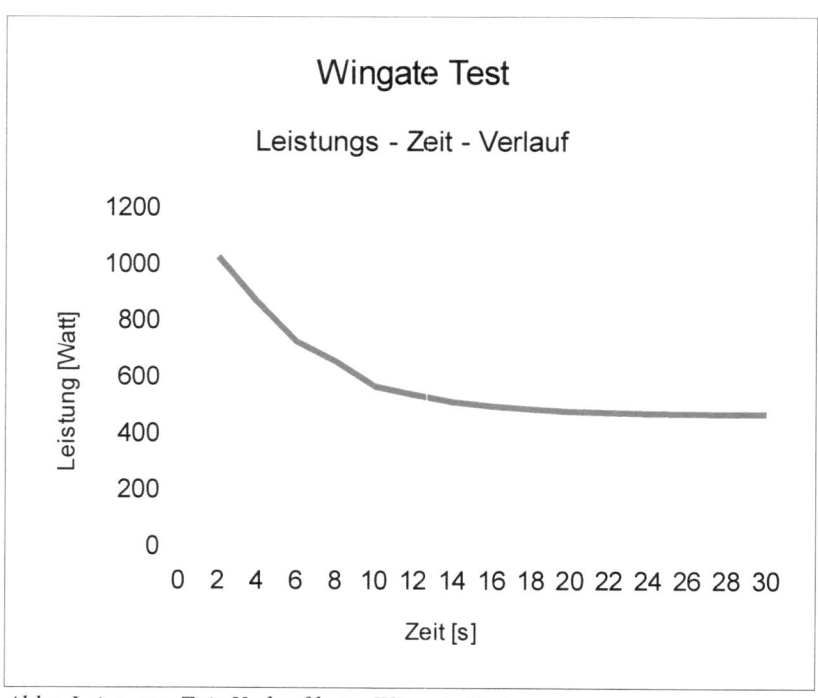

Abb.: Leistungs-Zeit-Verlauf beim Wingate Test

Testauswertung

Die wesentlichen und zur Auswertung ermittelten Werte sind:

- *Maximalleistung (Peak-Power)*: höchste während eines 5-s-Abschnitts berechnete Durchschnittsleistung

- *niedrigste Leistung (Minimum-Power)*:
  niedrigste während eines 5-s-Abschnitts
  berechnete Durchschnittsleistung

- *Durchschnittsleistung (Average-Power)*:
  durchschnittliche Leistung aus 5-s-Abschnitten

- *Leistungsabfall (Power-Drop):*
  Peak-Power – Minimum-Power

$$P_{Drop} = P_{max} - P_{min}$$

- *Fatigue-Index*:
  Prozentualer Abfall der Leistung relativ
  zur Peak-Power

$$Fat_{Ind} = \frac{(P_{max} - P_{min}) \times 100}{P_{max}}$$

Die Werte werden sowohl absolut ermittelt
als auch auf das Körpergewicht des Athleten
bezogen um so vergleichbare Werte zu erhalten.

Isokinetischer Test

Beim Isokinetischen Test handelt es sich um einen fahrradspezifischen Ergometertest, bei dem die anaerobe Leistungsfähigkeit ermittelt wird.

Der Test wird mit vorgegebener fest definierter Trittfrequenz absolviert. So können die absolute maximale Leistung sowie die maximale Leistung bei unterschiedlichen Trittfrequenzen gemessen werden.

Es existieren zwei unterschiedliche Varianten des Tests: einmal wird bei kurzer Belastungszeit von 10 Sekunden die maximale Leistung bei unterschiedlich festgelegten Trittfrequenzen bestimmt, die zweite Testvariante lastet den Probanden über einen Zeitraum von 60 bis 75 Sekunden maximal aus.

Sinn macht der Test vor allem für Leistungssportler, die häufig im anaeroben Bereich Spitzenleistungen aufbringen müssen.

Testdurchführung

Der isokinetische Test funktioniert im Prinzip genau umgekehrt wie der Stufentest. Der Proband wird von Beginn an voll belastet. Während des gesamten Tests versucht er zu jedem Zeitpunkt seine maximal mögliche Leistung abzugeben.

Variante 1:
Bestimmung der Maximalleistung

Der Test startet nach einer ausgiebigen Aufwärmphase. Das Standardprotokoll sieht dann folgenden Ablauf vor: es werden jeweils 10 Sekunden dauernde maximale Antritte im drehzahlkonstanten Ergometerbetrieb absolviert. Von Antritt zu Antritt wird die Trittfrequenz erhöht. Begonnen wird mit 50 U/min, gesteigert wird jeweils um 10 U/min. Die letzte Stufe sind 140 U/min. Die Pausen zwischen den einzelnen Antritten betragen 4 Minuten.

Variante 2:
Bestimmung der anaeroben Leistung

Bei der zweiten Variante wird der Test über 60 – 75 Sekunden bei drehzahlkonstantem Ergometerbetrieb durchgeführt. Als optimale Trittfrequenz kann man sich für Straßen-, MTB- und Bahnfahrer an der nachfolgenden Tabelle orientieren.

Disziplin	Trittfrequenz [U/min]	Dauer [s]
Straße, MTB	100 – 110	75
Bahn (Ausdauer)	130 - 140	75
Bahn (1000m, Sprint)	140 – 160	60

Tab.: Vorgaben für den isokinetischen Test

Im Verlauf des Tests nimmt die aufgebrachte Leistung des Athleten kontinuierlich ab, pendelt sich dann aber auf einem bestimmten Niveau ein. Gut ersichtlich ist dies in der schematischen Darstellung auf der nächsten Seite.

Trotz unterschiedlicher Belastungsdauer sind die Varianten des Tests zu einem betrachteten Zeitpunkt untereinander vergleichbar, da der Proband grundsätzlich zu jedem Zeitpunkt mit maximaler Anstrengung fahren muss.

Testauswertung

Isokinetischer 10-Sekunden Test

Zur Auswertung werden über die getesteten 10 Sekunden die jeweils mittleren Leistungen registriert.

Die Maximalleistung ist der höchste registrierte Wert.

Als die optimale Trittfrequenz wird diejenige definiert, bei der die höchste Leistung erbracht wurde. Trägt man die ermittelten Leistungswerte in einem Diagramm auf, so kann man sehr schön den individuellen Verlauf und den Maximalwert der Leistung erkennen. Für eine objektive Betrachtung und den Vergleich mit anderen Athleten, ist es sinnvoll den Wert auf das Körpergewicht zu beziehen.

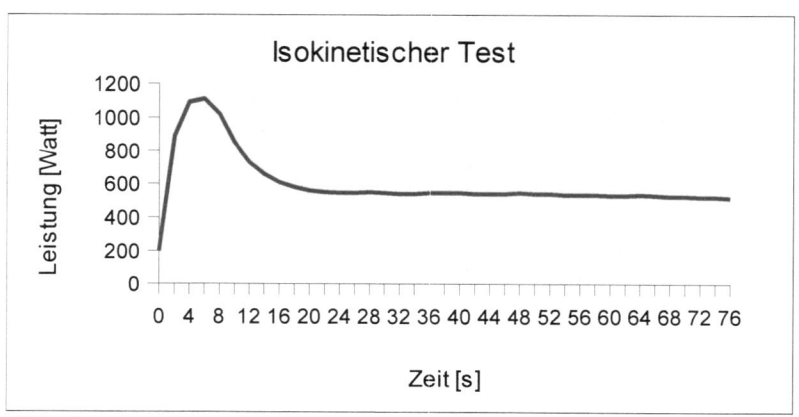

Abb.: Leistungskurve beim Isokinetischen Test (75 Sekunden)

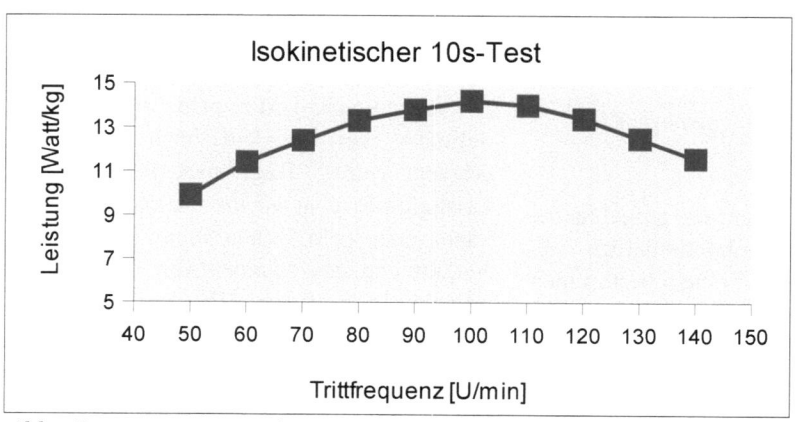

Abb.: Testauswertung Isokinetischer 10s-Test

Isokinetischer Test über 60-75 Sekunden

Aus den aufgezeichneten Testdaten lassen sich nach Testende folgende Werte bestimmen:

- Leistungsspitze (Peak Power):
- Durchschnittsleistung (Average Power)
- Plateauleistung (Critical Power)
- Beginn der Plateauphase (Critical Time)

Wird während des Tests mittels spiroergometrischer Messung auch die Sauerstoffaufnahme registriert, so können die jeweiligen Anteile des anaeroben und aeroben Stoffwechsels an der Energiegewinnung abgeschätzt werden. So erhält man die Werte für:

- durchschnittliche Sauerstoffschuld
- Sauerstoffschuld in der Plateauphase

Körperfettmessung

Aus zahlreichen Untersuchungen ist ersichtlich, dass der Körperfettanteil sehr stark mit der Leistungsfähigkeit in Ausdauersportarten korreliert. Aus diesem Grund werden Leistungsdaten wie die maximale Sauerstoffaufnahme oder die Leistung an der anaeroben Schwelle normalerweise auch auf das Körpergewicht bezogen um sie zu normieren und aussagekräftiger zu machen.

Männliche Top-Ausdauersportler haben einen Körperfettanteil von fünf bis acht Prozent, weibliche Topathletinnen bewegen sich im Bereich von 12-16 Prozent.

Um den Körperfettanteil zu bestimmen gibt es zahlreiche Methoden, die sich allerdings in ihrer Genauigkeit und Praktikabilität stark voneinander unterscheiden. Eine sehr gute und zuverlässige Möglichkeit ist die Hautfaltenmessung mit einem Caliper. Sie ist einfach, günstig und bringt sehr gute Ergebnisse mit sich.

Daneben existieren weitere, teilweise recht aufwendige Verfahren, die in diesem Kapitel vorgestellt werden.

Hautfaltenmessung

Mit Hilfe eines Hautfaltenmessgerätes, einem Caliper, lässt sich der Körperfettanteil durch Messung des Unterhautfettgewebes an verschiedenen Körperstellen sehr genau bestimmen. Die Kalipometrie baut dabei darauf, dass 50-70 Prozent des Körperfetts subkutan unter der Haut eingelagert ist.

Das Messgerät verfügt über eine Feder, die sicherstellt, dass bei der Messung ein definierter und reproduzierbarer Druck ausgeübt wird. Es existieren mehrere Verfahren, die sich in der Anzahl der Messpunkte und der Berechnungsformel zur Bestimmung des Körperfettanteils unterscheiden. Die Hautfaltenmessung stellt eine einfache und sehr zuverlässige Methode dar, die recht genaue Werte liefert.

Testdurchführung

Zur Messung wird die Dicke der Hautfalte an unterschiedlichen Körperstellen ermittelt. Anschließend wird mit Hilfe von Umrechnungstabellen, beziehungsweise Formeln, der Körperfettanteil bestimmt. Generell gilt: je mehr Messpunkte verwendet werden, desto genauer fällt das Ergebnis aus.

Zur Hautfaltenmessung wird mit Daumen und Zeigefinger eine ca. 3-5 cm große Hautfalte gegriffen und mit Hilfe eines Calipers gemessen. Dabei ist folgendes zu beachten:

• Beste Ergebnisse ergeben sich, wenn die Messungen von einer zweiten Person durchgeführt wird

• Mit Daumen und Zeigefinger wird an den Messpunkten eine circa 3-5 cm große Hautfalte gegriffen, diese wird mindestens 1-3 cm nach oben gezogen und gehalten.

- Die Messung der Hautfalte erfolgt etwa 0,5 cm neben den Fingern.

- Die Messung sollte möglichst immer von derselben Person durchgeführt werden.

- Die Messung sollte nicht direkt nach dem Training erfolgen – der Muskel ist nach einer Sporteinheit praller und das Messergebnis wäre dadurch ungenau

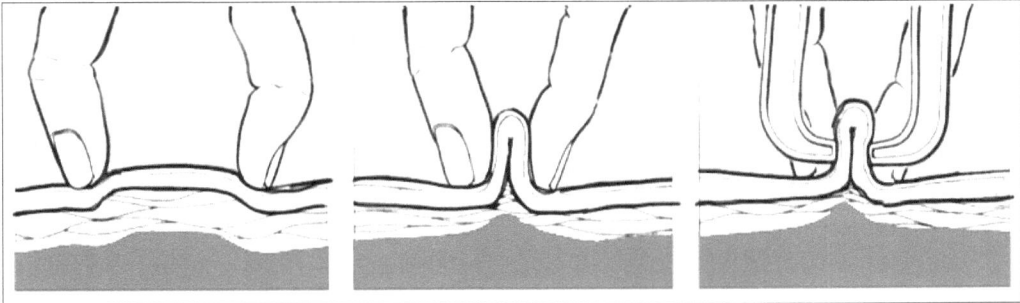

Abb.: Messung der Hautfaltendicke

Die hier vorgestellten Messmethoden sind für die Bestimmung eines Gesamt-Körperfettgehaltes bis maximal 35-40% geeignet und somit nicht für stark adipöse Personen anwendbar.

Folgende Körperstellen können zur Messung herangezogen werde:

- *Achsel*höhle, vordere Falte unterhalb des Brustmuskelansatzes

- *Bauch*, etwa 3 Zentimeter neben dem Bauchnabel

- **Bizeps**, in der Muskelmitte parallel zum Oberarmknochen

- **Brust**, in der Mitte zwischen Brustwarze und Achsel

- **Hüfte**, seitlich an der Taille, direkt über dem Beckenkamm

- **Kinn**, zwischen Kehlkopf und Unterkiefer

- **Knie**, waagrecht oberhalb der Kniescheibe

- **Oberschenkel**, in der Mitte der Vorderseite

- **Schulterblatt**, in der Mitte waagrecht am inneren Rand

- **Trizeps**, in der Muskelmitte parallel zum Oberarmknochen

- **Wade**, in der Muskelmitte parallel zum Unterschenkelknochen

- **Wange**, zwischen Ohransatz und Nasenflügel

Aus den gemessenen Werten kann der Körperfettanteil nach verschiedenen Methoden erfasst werden. Dabei werden jeweils unterschiedliche Messpunkte in die Berechnung einbezogen.

Einfaltenmessung nach Behnke & Wilmore

Bei der Einfaltenmessung nach Behnke & Wilmore handelt es sich um ein sehr einfaches Verfahren. Für die Bestimmung des Körperfettanteils wird lediglich die Bauchfalte gemessen, es wird in der Berechnung weder nach Alter noch nach Geschlecht differenziert. Die Berechnungsformel lautet:

$$KF = \frac{100 \times [KG-(10{,}26+0{,}7927 \times KG-0{,}3676 \times DB)]}{KG}$$

KF = Körperfettanteil [%]
KG = Körpergewicht [kg]
DB = Dicke der Bauchfalte [mm]

3 Falten Formel nach Lohmann

Auch bei der 3 Faltenformel nach Lohmann werden weder Geschlecht noch Alter berücksichtigt.

Folgende Messpunkte werden bei der Berechnung des Körperfettanteils genommen:

- Schulterblatt
- Trizeps
- Bauch

Die Berechnungsformel lautet:

$$KF = \frac{495}{(1{,}0982 - 0{,}000815 \times S + 00000084 \times S^2) - 450}$$

KF = Körperfettanteil [%]
S = Summe der Hautfalten [mm]

4 Falten Formel nach NHCA

Bei der 4 Falten Formel des NHCA (National Health Center of America) werden vier Messpunkte genommen und bei der Berechnung zusätzlich das Alter des Athleten berücksichtigt.

Die Messpunkte sind:

- Bauch
- Achselhöhle
- Brust
- Schulterblatt

Die zugehörige Berechnungsformel:

$$KF = 0{,}27784 \times S - 0{,}00053 \times S^2 + 0{,}12437 \times A - 3{,}28791$$

KF = Körperfettanteil [%]
S = Summe der Hautfalten [mm]
A = Alter [Jahre]

7 Falten Formel nach Jackson & Pollock

Jackson & Pollock ermitteln den Körperfettanteil über 7 Messpunkte und differenzieren sowohl nach Alter als auch Geschlecht. Die 7 Messpunkte sind folgende:

- Hüfte
- Oberschenkel
- Schulterblatt
- Bauch
- Trizeps
- Achselhöhle
- Brust

Die zugehörige Berechnungsformeln lauten:

$$KF_M = \frac{495}{(1,112 - 0,00043499xS + 00000055xS^2 - 0,00028826 - A) - 450}$$

$$KF_F = \frac{495}{(1,097 - 0,00046971xS + 00000056xS^2 - 0,00012828 - A) - 450}$$

KF_M = Körperfettanteil Männer [%]
KFF = Körperfettanteil Frauen [%]
S = Summe der Hautfalten [mm]
A = Alter [Jahre]

10 Falten Formel nach Parizkova

Die größte Anzahl an Messpunkten verwendet die Formel nach Parizkova. Es sind:

- Wange
- Kinn
- Achselhöhle
- Brust
- Trizeps
- Schulterblatt
- Hüfte

- Knie
- Bauch
- Wade

Die zugehörige Formel:

$$KF = 39{,}572 \times \log(S) - 61{,}25$$

KF = Körperfettanteil [%]
S = Summe der Hautfalten [mm]

Bioimpedanzanalyse

Die Bioimpedanz stellt ein Verfahren dar, bei dem der Körperwiderstand gemessenen wird. Man nutzt das Phänomen, dass Muskulatur und Fettgewebe Strom unterschiedlich gut leiten. Das liegt an ihrem unterschiedlichen Wassergehalt im Gewebe. Muskulatur besteht zu 75-80 Prozent aus Wasser, Fettgewebe lediglich zu 20-25 Prozent. Damit bietet Fettgewebe einen deutlich höheren Stromwiderstand. Leitet man also Strom durch den Körper, so kann man aufgrund des elektrischen Widerstands die Körperzusammensetzung herleiten.

Die gängigste Methode stellen so genannte Fettmesswagen dar, hier stellt sich die Person mit nackten Füßen auf die Waage und es wird über zwei Elektroden der Widerstandswert des Körpers ermittelt.

Das Problem der Messung besteht allerdings darin, dass sich der Wasserhaushalt des Körpers sehr variabel darstellt. Gewichtsschwankungen von einem halben bis zu einem Kilogramm sind durchaus normal und wirken sich bei der Widerstandsmessung deutlich aus: schnell ergeben sich damit Messabweichungen von $^+/.$ 2-3 Prozent. Zusätzlich wirken sich der Hautwiderstand sowie die Tatsache, dass sich der Strom den kürzesten Weg durch den Körper sucht, auf die Messgenauigkeit aus. Somit ist das Verfahren nur als grobe Orientierung empfehlenswert und für genaue Analysen eher ungeeignet.

Hydrostatisches Wiegen

Das hydrostatische Wiegen stellt eine sehr präzise aber auch aufwändige und teure Methode der Körperfettmessung dar. Die Methode nutzt die Tatsache, dass Fett eine geringere Dichte als Knochen und Muskeln hat, so dass bei diesem Verfahren das Verhältnis von verdrängtem Wasser zur Körpermasse Aufschluss über die Körperzusammensetzung gibt.

Für die Messung wird ein spezielles Wasserbecken benötigt. Zunächst werden an Land Lungenvolumen und Körpermasse des Probanden ermittelt. Anschließend begibt er sich in einen Wassertank, hier wird dann das verdrängte Wasser bestimmt. Abschließend werden Körpergewicht und -volumen in Beziehung gesetzt und damit der Körperfettgehalt ermittelt.

Die Methode liefert sehr präzise Werte, der apparative Aufwand ist jedoch sehr groß, so dass es entsprechend wenige Einrichtungen gibt, die diese Messung anbieten.

Leistungsprofil

Die komplexe sportliche Leistung ist von vielen einzelnen Faktoren abhängig. Um sich einen Überblick darüber zu verschaffen, in welchen Bereichen Stärken und Schwächen eines Athleten liegen, kann man ein multi-

faktorales Leistungsprofil erstellen. Die Daten dazu erhält man aus einer komplexen Leistungsdiagnostik. Als Referenzwerte kann man sich an Normwerten der jeweiligen Sportart orientieren.

Leistungsprofil - Spinne

Mit der Spinne bietet sich eine hervorragende Möglichkeit das Leistungsprofil grafisch darzustellen. Die Achsenendwerte repräsentieren jeweils das Optimum, so dass sehr gut ersichtlich ist in welchen Bereichen noch Handlungsbedarf besteht. Je größer die Fläche des Leistungsprofils ausfällt, desto besser kann der allgemeine Fitnesszustand des Athleten bewertet werden. Je nach Sportart und Disziplin kann die Auswahl der Parameter unterschiedlich ausfallen, die Grafik auf der nächsten Seite bietet eine sehr gute Grundlage für die Mehrzahl der Ausdauersportarten.

Referenzwerte für die maximale Sauerstoffaufnahme und die Höhe der individuellen anaeroben Schwelle finden sich in den jeweiligen Kapiteln. Referenzwerte für die weiteren Parameter fallen je nach Sportart und Disziplin sehr unterschiedlich und individuell aus und können nicht verallgemeinert werden. Hier sollte man sich mit dem Leistungsanforderungen der jeweiligen Sportart auseinandersetzen um ein individuelles Anforderungsprofil zu erstellen.

Das Ziel eines Athleten sollte auf jeden Fall dahin gehen, dass er im Saisonverlauf seine entscheidenden Parameter von Test zu Test verbessert und sich die Vergleichsfläche der Grafik stetig vergrößert.

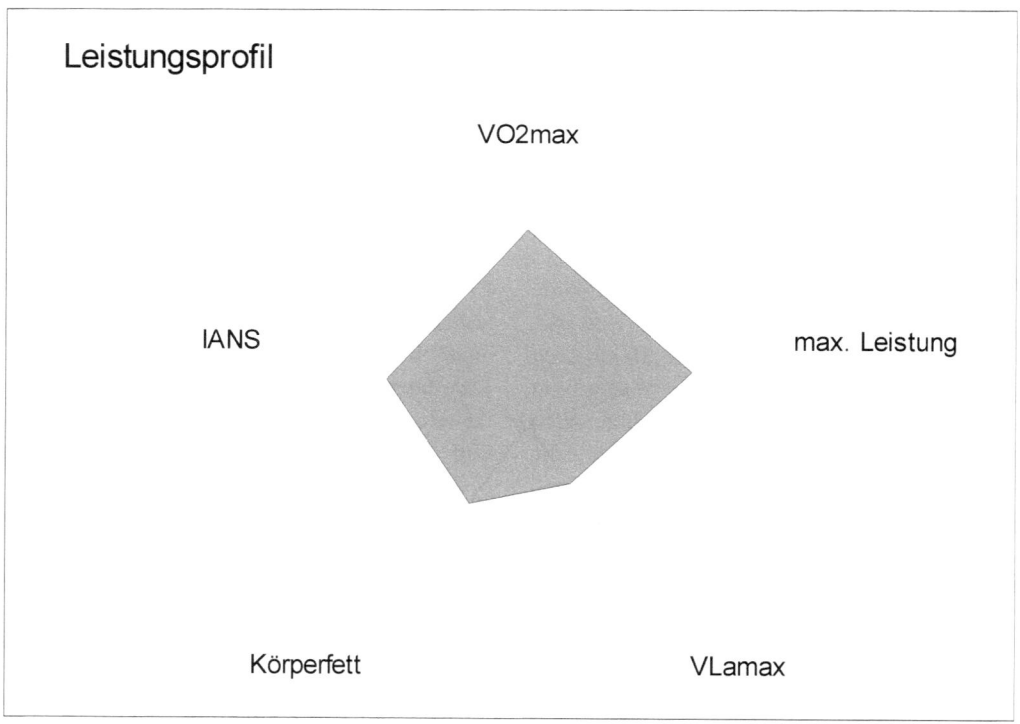

Abb.: Leistungsprofil mit 5 Ausdauerparametern

Übersicht Leistungsdiagnostiken

In der nachfolgenden Übersicht sind die in diesem Buch vorgestellten Leistungsdiagnostiken noch ein mal zusammengefasst und bewertet. Außerdem ist ersichtlich welche Parameter mit den Testverfahren ermittelt werden. Dies kann als Grundlage für die Erstellung eines persönlichen Leistungsprofils dienen.

Test	Messparameter	Aussageparameter	Genau-igkeit	Auf-wand	Zielgruppe
Laktatstufentest	Herzfrequenz Laktat	aerobe Schwelle anaerobe Schwelle	+	hoch	Breiten- & Leistungssportler
Spiroergometrie	Herzfrequenz O_2-Aufnahme CO_2-Abgabe Atemzug	VO_{2max} Energiestoffwechsel	++	sehr hoch	Wettkampf- & Leistungssportler
Conconi-Test	Herzfrequenz	anaerobe Schwelle	o	gering	Breiten- & Leistungssportler
Tempodauertest	Herzfrequenz Leistung	anaerobe Schwelle	+	gering	Breiten- & Leistungssportler
Rampentest	Herzfrequenz Laktat (O_2-Aufnahme) (CO_2-Abgabe)	VO_{2max} max. aerobe Leistung Laktattoleranz	+	(sehr) hoch	Wettkampf- & Leistungssportler

Tab.: Übersicht aeobe Leistungsdiagnostik

Test	Messparameter	Aussageparameter	Genauigkeit	Aufwand	Zielgruppe
VLa_{max} – Test	Laktat (Leistung)	max. Laktatbildungsrate (maximale Leistung)	+	hoch	Wettkampf- & Leistungssportler
Wingate-Test	Leistung	maximale Leistung anaerobe Leistung Leistungsabfall Ermüdungsindex	+	sehr hoch	Wettkampf- & Leistungssportler
Isokinetischer Test	Leistung Trittfrequenz (O_2-Aufnahme) (CO_2-Abgabe) (Atemzug)	maximale Leistung anaerobe Leistung Leistungsabfall Ermüdungsindex Sauerstoffschuld	++	sehr hoch	Wettkampf- & Leistungssportler

Abb.: Übersicht anaerobe Leistungsdiagnostik

Methode	Messparameter	Aussageparameter	Genauigkeit	Aufwand	Zielgruppe
Caliper	Hautfaltendicke	Körperfettanteil	+	Niedrig	Wettkampf- & Leistungssportler
Bioimpedanz	Elektr. Körperwiderstand	Körperfettanteil	-	Niedrig	Breitensportler
Hydrostatisches Wiegen	Körpergewicht Körpervolumen	Körperfettanteil	++	Sehr hoch	Wettkampf- & Leistungssportler

Abb.: Übersicht Methoden der Körperfettmessung

Anhang

Athleteninformation zum Ausdauer-Leistungstest

Um einen optimalen Nutzen und bestmögliche Ergebnisse mit einem Ausdauer-Leistungstest zu erzielen, sollte der Test optimal, das heißt entsprechend einem Wettkampf, vorbereitet werden.

Das bedeutet **vor allem**, dass 48 Stunden vor dem Test

1. keine Wettkämpfe und

2. keine intensive Trainingsbelastungen

durchgeführt werden sollen.

Außerdem ist aufgrund des starken Einflusses auf die Ermüdung und die Laktatwerte für die Vergleichbarkeit von Testresultaten auf folgende Gesichtspunkte zu achten:

- genügend Schlaf vor dem Test
- ausreichende Flüssigkeitszufuhr vor dem Test
- gewohnheitsmäßige letzte Nahrung vor dem Test
- keine Krankheit in den letzten 14 Tagen

Aktuell durchgeführte Diätmaßnahmen (Bsp. Trennkost, Gewichtsreduktion, Fettdiät, Carboloading) müssen nicht unterbrochen, sollen aber zur korrekten Testinterpretation angegeben werden.

Trainingstagebücher und Krankheitsgeschichte zum Test nicht vergessen!

Checkliste Ausdauer-Leistungstest

Name: _____ Vorname: _____ Geburtsdatum: _____

Gewicht: _____

Größe: _____

Testdatum/Testzeit: _____

Trainingsphase:
- O allgemeine Vorbereitung
- O spezielle Vorbereitungsperiode
- O Wettkampfperiode
- O Regenerationsphase
- O Rehabilitation

Letzter Wettkampf: Wann: _____ Was: _____

Distanz: _____

Training: Art Dauer Intensität

2 Tage vor Test _____ _____ _____

1 Tag vor Test _____ _____ _____

Ernährung   O   Normal
(letzte 2 Tage)   O   Kohlenhydrat-Diät
                   O   Fett-Diät (Beginn < 4 Tage)
                   O   Gewichtsreduktion
                   O   Trennkost
                   O   Alkohol (Vorabend)
                       Menge/Was?   _____
                   O   letzte Mahlzeit: Wann? _____
                                           Was?   _____

Krankheit (letzte 14 Tage):   _____

Unfälle (seit letztem Test):   _____

Beschwerden am Testtag: _____

Befindlichkeit (wie fühle ich mich heute? 1=katastrophal, 10=super) Ankreuzen:

1   2   3   4   5   6   7   8   9   10

Besonderes/Anmerkungen: _____

                             _____

                             _____

Hinweise zur Checkliste Ausdauer-Leistungstest

Trainingsvorbelastung

Die Trainingsvorbelastung kann, sowohl durch die dadurch hervorgerufene allgemeine Ermüdung als auch durch die Entleerung der Glykogenspeicher, zu einer verminderten Leistung sowie einem veränderten Laktatverhalten führen. Durch entleerte Glykogenspeicher vermindert sich die Laktatproduktion. Eine signifikante Entleerung der Glykogenspeicher findet bei intensiven Belastungen von 60 Minuten oder bei mittlerer Intensität von 120 Minuten statt. Ein lockeres Training führt erst bei mehrstündiger Aktivität zu einer signifikanten Entleerung.

Somit sollten in der Checkliste folgende Trainingsvorbelastungen angegeben werden:

- harte/intervallartige Intensität ab 60 Minuten
- mittlere Intensität über 2 Stunden
- geringe Intensität über 3 Stunden

Ernährung

Eine Reduktion der Glykogenspeicher ist bei Diäten mit reduziertem Kohlenhydratgehalt (Fettdiät innerhalb 4 Tage nach Diätbeginn, Gewichtsreduktionsdiät, Trennkost) oder bei Alkoholkonsum am Vorabend zu erwarten. Dies führt dementsprechend zu niedrigeren Laktatwerten. Ernährungsformen mit einem hohen Kohlenhydratanteil (Carboloading) von 70% und mehr können die Laktatproduktion erhöhen.

Auch die letzte Nahrungsaufnahme vor dem Test kann einen Einfluss auf die Laktat-produktion haben. Eine Erhöhung des Blutzuckerspiegels durch Aufnahme von Glucose in fester oder flüssiger Form (z.B. Honig, Konfitüre) führt, im Gegensatz zu nüchternem Zustand (letzte Mahlzeit länger als 4 Stunden her), zu einer erhöhten Laktatproduktion.

Testqualität

Für eine optimal Testqualität sind folgende Bedingungen entscheidend:

- keine Wettkämpfe 48 Stunden vor dem Test
- keine harten/intervallartige Trainings hoher Intensität von mehr als 60 Minuten Dauer in den letzten 48 Stunden vor dem Test
- keine Trainings mittlerer Intensität von mehr als 120 Minuten Dauer in den letzten 48 Stunden vor dem Test
- kein Training lockerer Intensität von mehreren Stunden in den letzen 48 Stunden vor dem Test
- keine kohlenhydratarme Diät
- keine Kohlenhydrat-Dät (Kohlenhydratanteil > 70%)
- kein Alkohol am Vorabend
- nicht nüchtern zum Test
- keine Krankheit in den letzten 14 Tagen
- allgemein gute Befindlichkeit (>6 in der Checkliste)
- routinemässiger Testzeitpunkt

Sollten diese Bedingungen nicht vorliegen, kann das Testergebnis beeinflusst werden. Die Abweichungen müssen im Testprotokoll notiert werden.

Literatur & Internet

Literatur

Allen H. Coggan A, Wattmessung. Spomedis Verlag, Hamburg 2012

Autorenkollektiv: Handbuch Radsport. BLV Verlag; München 1996

Baron: Der Power Index. In: Österreichisches Journal für Sportmedizin 2/2004

Bassett,D.R.jr, Howley,E.T.: Maximal oxygen uptake: „classical" versus „contemporary" viewpoints. Medicien and Science in Sports and Exercise. 29/1997

Berbalk/Neumann: Ausgewählte Ergebnisse der komplexen Leistungsdiagnostik im Triathlon. 18. Triathlon-Symposium; Leipzig 2003

Birkel, Jörg: Leistungsdiagnostik offenbart individuelle Schwächen, https://www.ilovecycling.de, 2017

Bös, Klaus: Handbuch motorische Tests. Hogrefe Verlag; Göttingen 2001

Bosquet, L., Leger, L, Legros, P.: Methods to determine aerobic endurance. Sports Med 32: 675-700. 2002

Coyle, E.F.: Integration of the physiological factors determining endurance performance ability. Exercise and Sport Science Reviews 23. 1995

Engelhardt, Franz, Neumann, Pfützner: Triathlon: Medizinische und methodische Probleme des Trainings. Verlag Ingrid Czwalina; Ahrensburg 1994

Fitzgerald, Matt: Topfit am Start: Das Ideale Wettkampfgewicht für Ausdauersportler. Delius Klasing Verlag; Bielefeld 2013

Frank. Torsten: Training im Radsport: professionelle Leistungsdiagnostik bei STAPS. https://www.tfrank.de. 3/2017

Friel, Joe: Your best Triathlon. Velopress-Verlag. Boulder, Colorado 2010

Friel, Joe; Byrn, Gordon: Going Long, Triathlontraining für die Langdistanz. Covadonga-Verlag, Bielefeld 2011

Gimbel, Alexander: Entwicklung eines Verfahrens zur laktatgestützten Leistungsdiagnostik. Diplomarbeit; Uni Bayreuth 2005

Güllich, Dr. Arne: Sport. Das Lehrbuch für das Sportstudium. Springer Verlag; Berlin 2013

Haber: Leitfaden zur medizinischen Trainingsberatung. Springer Verlag; Wien 2001

Heck, H. / Schulz H., Methoden der anaeroben Leistungsdiagnostik. In Deutsche Zeitschrift für Sportmedizin 7+8/2002. Süddeutscher Verlag; München 2002

Heinrichs, Mario: Die Spirometrie als apparative Labordiagnostik. Semesterarbeit; Uni Leipzig 2004

Hollmann, Strüder, Predel, Tagarakis: Spiroergometrie. Schattauer Verlag; Stuttgart 2006

Hottenrott: Herzfrequenzvariabilität im Sport. Feldhaus-Verlag; Hamburg 2002

Hottenrott, K & Neumann, G.: Trainingswissenschaft. Meyer & Meyer Verlag; Aachen 2010

Kindermann: Anaerobe Schwelle. In Deutsche Zeitschrift für Sportmedizin 6/2004

Kühnen, Robert: Leistungsdiagnostik. In: tour magazin 2/2010, München

Marees, Horst de: Sportphysiologie.Sportverlag Strauß, Nochum 2003

Markworth: Sportmedizin. Rohwolt Verlag; Reinbek 1994

Medtronic: Dokumentation Lactware. Friesenheim 2006

Meyer: Der Respiratorische Quotient. In Deutsche Zeitschrift für Sportmedizin 1/2003

Mosburger, Kurt: Der Energieumsatz. Innsbruck 2008

Mosburger, Kurt: Die maximale Sauerstoffaufnahme. Innsbruck 2012

Mosburger, Kurt: Die muskuläre Energiebereitstellung im Sport. Innsbruck 2009

Mosburger, Kurt: Fettverbrennung im Sport: Mythos und Wahrheit. Innsbruck 2015

Möller, Thomas: Leistung & Training im Triathlon. Schriftenreihe für angewandte Trainingswissenschaft (IAT). Leipzig 2015

Müller, Simon: Radtraining mit Struktur. In: Triathlon 4/5 2018. spomedis-Verlag, Hamburg 2018

Neumann, Pfützner, Hottenrott: Alles unter Kontrolle. Meyer & Meyer Verlag; Aachen 1993

Neuman, Georg: Physiologische Grundlagen von Spitzenleistungen. 26. Internationales Triathlon Symposium Niedernberg. Feldhaus-Verlag, Hamburg 2012

Neumann/Pfützner/Berbalk: Optimiertes Ausdauertraining. Meyer&Meyer Verlag; Aachen 2007

Neumann, Hottenrott: Das große Buch vom Laufen. Meyer & Meyer Verlag; Aachen 2002

Retzlaff, Kristin: Schwellenkonzepte der anaeroben Laktatschwelle in Ausdauersportarten. Semesterarbeit; Uni Magdeburg 2003

Richter, Jens: Die Grenzen des Ungefähren. In: Triathlon 1/2 2007

Riehle: Conconi und Co. Leistungstests im Vergleich. In: Triathlet 2/1999

Röcker: Vitalkapazität. In: Deutsche Zeitschrift für Sportmedizin 10/2001

Schmidt, Achim: Das große Buch vom Radsport. Meyer & Meyer Verlag; Aachen 2007

Schnabel/Harre/Krug/Borde: Trainingswissenschaft: Leistung-Training-Wettkampf. Sportverlag, Berlin 2003

Simon, Mendoza: Effizienz und Ökonomie im Mittel- und Langstrecken-lauf. In: Leistungssport 4/1998. phillipka- Sportverlag; Münster 1998

SOMC: Leistungsdiagnostik Ausdauer. SWISS OLYMPIV MEDICAL CENTER; 2001

Spanaus: Herzfrequenzkontrolle. Meyer & Meyer Verlag; Aachen 2002

Stammberger, Eva: Prüfbericht. In: tour 3/2006

Vance, Jim: Wattmessung für Läufer. Spomedis-Verlag; Hamburg 2016

Van Dijk/Van Megen: Das Geheimnis des Laufens. Meyer&Meyer Verlag, Aachen 2017

Vogt/Brügger/Schütz/Wehrlin/Umberg/Aeschlimann/Matter/Bürgi: Physiologische Trainingsintensitätszonen. Fachgruppe Ausdauer Swiss Olympic; Maggingen Schweiz 2005

Wallace, CD: Bestimmung des Körperfettanteils. Eaglefit Verlag, Langenau 2018

Wallwey: Studienheft Diagnostik, Tests und Testmethoden. IST-Studieninstitut, 04/2003

Weineck, J: Optimales Training. Spitta-Verlag, Balingen 2010

Zeller, Sebastian: Die Laktatbildungsrate verständlich erklärt. tri-mag.de/Trainingswissen kompakt; spomedis Verlag, Hamburg 2018

Zeller, Sebastian: So funktioniert die Fettverbrennung. tri-mag.de/Trainingswissen kompakt; spomedis Verlag, Hamburg 2018

Zeller, Sebastian: VO2max durch HIT- und LIT-Training steigern. tri-mag.de/Trainingswissen kompakt; spomedis Verlag, Hamburg 2018

Zeller, Sebastian: Was ist die VO2max?. tri-mag.de/Trainingswissen kompakt; spomedis Verlag, Hamburg 2018

Internet

http://www.dissertationen.de

http://koerperfett-analyse.de

http://www.leistungssport.net

http://www.sponet.de

http://www.sportsandscience.de/

http://www.sfsn.ethz.ch

http://www.staps-online.com

http://www.triathlon-szene.de

http://www.trainingsworld.com

http://www.youtube.de/channel/Triathlon Crew Cologne

http://www.zeitschrift-sportmedizin.de